Человеческий Фактор

(Human Factors)

Гуннар Фалгрен
(Gunnar Fahlgren)

AuthorHouse™
1663 Liberty Drive
Bloomington, IN 47403
www.authorhouse.com
Phone: 1-800-839-8640

Published by AuthorHouse 3/4/2013

ISBN: 978-1-4817-2087-8 (sc)
ISBN: 978-1-4817-2088-5(e)

Library of Congress Control Number: 2013903779

The purpose of this book is, that readers might get interested in every day psychology, Human Factors, their own functions and how these can be used to improve their own well being, like stress management, in order to function better.

It is a book for management, for staff members, teachers, parents, health-care professions, flight deck crew, cabin crew, engineers, flight controllers, maritime crews and maritime pilots. All will learn a lot about themselves, their own and others behavior and stress reactions. By reading this book you will improve your self-esteem and your confidence.

"Maybe I am being a bit provocative when I state that Human Factors do not cause any accidents. Human Failure causes accidents but not Human Factors. On the contrary I regard our Human Factors as a fantastic construction or design, which contributes to making our lives good and gives us a positive time on earth. As I see it, it is when our Human Factors stop functioning, that accidents occur."

Дорогой читатель!
Надеюсь, что, прочитав мою книгу о человеческом факторе, вы узнаете много нового о себе, и это поможет Вам повысить свою самооценку.
(Dear Reader
I hope, that after reading my book on Human Factors, you will learn a lot about yourself and it will help you to improve your self-esteem.)

СОДЕРЖАНИЕ

Глава 1. Наш Человеческий фактор (ЧФ)

Практически невозможно написать книгу по психологии, которая бы могла заинтересовать и специалистов и обычных людей одновременно. При попытке сделать это я, возможно, «упал бы между двух стульев» и никому данная книга не была бы интересна.

В результате, я решил писать не для специалистов и, соответственно, приготовился получить ряд критических замечаний за создание неакадемической (ненаучной) книги по психологии. Данная книга написана пилотом, имеющим огромный интерес к ЧФ. И моя идея, с начала работы, заключалась в том, что люди легче начнут читать эту книгу, если текст не слишком сложный, в место того, чтобы читать книгу по данной теме, которую можно было бы рассматривать, как совершенную научную публикацию.

Книга, содержащая короткие главы по специфической тематике о ЧФ, должна также стать постоянной основой для повышения квалификации, обязательной сегодня и для летных, и для кабинных экипажей в соответствии с европейскими правилами JAR-OPS.

Желательно, чтобы моими читателями были пилоты, которым хотелось бы узнать чуть больше о самих себе и о ЧФ. Но, поскольку пилоты – это люди, то я уверен, что и другие люди могли бы также почитать мою книгу с интересом и получить из нее ценную информацию.

Моя цель в том, чтобы с помощью этой книги читатели смогли бы заинтересоваться повседневной психологией, человеческим фактором, своими собственными характеристиками и как это может быть использовано для того, чтобы повысить безопасность и продлить свое трудовое долголетие. Здесь вы получите ценную информацию о человеческих возможностях и ограничениях, нужную пилотам согласно рекомендациям, выданных ICAO (Международная организация гражданской авиации) и требований, установленных JAA (объединенными авиационными властями) в Европе, а также органами гражданской авиации по всему миру. Таким образом, летные и кабинные экипажи, летные инструкторы и инструкторы CRM – это основные группы специалистов, которые найдут ценную информацию, полезную в своей конкретной работе. Но также и другие категории специалистов и обычных людей: управленцы, члены рабочих коллективов, учителя, родители, милиционеры и так далее, узнают многое о себе, о своем собственном поведении и о поведении других, а также о реакциях на стресс. К другим профессиям, которые получат несомненную выгоду от прочтения данной книги можно отнести диспетчеров, членов экипажей подводных лодок и пилотов подводных лодок. Инженеры ядерных станций и других операторских профессий также найдут содержание данной книги наиболее интересным и применимым на практике. Я надеюсь, что вы заметите, что ряд важной информации повторяется и может быть найден в различных главах. Запомните хорошо известный психологический и педагогический факт – важный момент должен быть повторен, по меньшей мере, трижды, чтобы заставить слушателя понять и запомнить.

Человеческий фактор (ЧФ)

К сожалению, мы часто слышим, что ЧФ обвиняется в той или иной аварии. Может быть, я слегка провоцирую вас, когда утверждаю, что ЧФ не является причиной каких-либо аварий. **Человеческий сбой** приводит к авариям, **но не ЧФ**. Напротив, я рассматриваю наш ЧФ как фантастическую структуру или конструкцию, которая вносит свой вклад в улучшение нашей жизни и дает нам возможность прожить с пользой на этой Земле. Я думаю, что именно когда наш ЧФ перестает функционировать, тогда случаются аварии. Безопасность полетов чрезвычайно улучшилась, начиная с 1956 года, когда я начинал свою карьеру в авиакомпании, и до 1990 года, когда я ушел с летной работы. Количество авиационных происшествий (АП) на 1 миллион взлетов сократился приблизительно с 30 до 0,9.

Это фантастика, это просто чудо. Было бы интересно узнать о таком улучшении безопасности в какой-нибудь другой отрасли.

Как мне это видится, это улучшение - результат нашего великолепного ЧФ. Наш ЧФ, знает все, что можно использовать для уменьшения человеческих ошибок.

Человеческие ошибки

Самые общие слова на открытии семинаров по ЧФ во всем мире это:

«Человеческие ошибки продолжают быть самым крупным случайным фактором при авиационных происшествиях (АП). Текущие статистические данные показывают, что порядка 70 – 75% из всех АП могут быть отнесены к человеческим ошибкам».

Что это? Согласно первому заявлению АП авиакомпании были сокращены на 97% от 30 до 0,9. Но процент человеческих ошибок за тот же период времени, увеличился от 30 до 75%!

Что ж, мой дорогой читатель, это прекрасно! Чем ближе мы подходим к 0% по другим причинам, тем ближе человеческие ошибки подходят к 100%. Это простая математика. Это хорошо и, конечно, приемлемо, если «другие причины», такие как технические, приводящие к АП, равны 0%, то 100% на Человеческий сбой, в действительности, тоже хорошо.

Масс Меди фокусируются на росте процента человеческих ошибок. Пассажиры и экипажи авиакомпаний напуганы. Кажется, что это очень важное дело для Масс Меди «пуганее людей». Вместо того чтобы пугаться и беспокоиться, люди должны радоваться. Чем ближе счет человеческих ошибок к 100%, тем лучше. Итак, рост от 30% до 75% за 40-летний период – это великолепно. Моя мысль состоит в том, что «следует избегать использования процентов, когда говорите о Безопасности Полетов».

Позвольте сказать, что 60% от всех АП случаются на этапе захода на посадку и только 5% на маршруте. Позвольте сказать больше, мы можем улучшить авиационную безопасность, концентрируясь на этапе захода на посадку и те АП значительно уменьшаться. Что будет отмечено Масс Меди в этом случае? Хорошо, наиболее вероятно, мы прочтем следующее заглавие статьи: **«АП на маршруте увеличились более, чем в два раза за последние два года».**

Мне бы даже хотелось сказать, что это благодаря Человеческому фактору мы имеем столь замечательное развитие в области безопасности полетов. ЧФ всех, кто задействован в Авиационной Индустрии был сфокусирован на безопасности. Вот почему мы сумели уменьшить число АП.

Добрая сказка

Позвольте мне процитировать несколько предложений из доброй сказки знаменитой писательницы Астрид Линдгрен. Вероятно, ее лучше всего знают за ее историю «Пеппи Длинный Чулок», но книга, которую я хочу процитировать озаглавлена «Дочь разбойника». Имя дочери – Кирсти, а ее отец Мэтт – разбойник. Кирсти росла в форте Мэтта. Однажды ее отец решил: «Пора нашему ребенку узнать, что значит жить в лесу Мэтта».

И с этого дня Кирсти была вольна гулять везде, где ей хочется. Но сначала Мэтт должен был сказать ей несколько истин:

«Ты должна научиться всегда быть начеку»

«Будешь начеку - и ты никогда не потеряешься в лесу»

«Будешь начеку – и ты не упадешь в реку»

«Будешь начеку – и ты не скатишься во Врата Ада»

«А теперь уходи! И помни, в наибольшей безопасности находится тот,

кто не боится».

С этим Кирсти ушла, запомнив слова отца. И вот наступили дни, когда Кирсти ничего не делала, только была начеку в ожидании опасности. Она скакала, прыгала и перепрыгивала через скользкие камни вдоль берега реки, где ее поток был наиболее свиреп. Дни проходили. Кирсти была начеку и научилась жить в лесу все лучше и лучше. Как здорово было бы, думала она, если бы найти такое место, где можно было бы и учиться быть начеку и жить без страха.

Из этой доброй сказки мы можем извлечь очень важный урок на будущее для квалифицированной безопасной работы. Мы не можем просто сказать пилотам: «Будьте начеку». Мы должны дать им знания, что нужно, чтобы быть начеку и сделать так, чтобы их не пугала практическая деятельность.

Запомните слова отца Кирсти: «в наибольшей безопасности находится тот, кто не боится».

Боимся ли мы? К сожалению, ДА. Мы все знаем, что многие из наших пассажиров напуганы или чувствуют себя нелегко во время полета. Но также центры управления полетами, руководящие органы гражданской авиации, производители самолетов, страховые компании, правительства и пресса постоянно посылают сигналы, показывая, что они напуганы последствиями, если экипаж авиакомпании не справился со своей работой, или, позвольте сказать, когда пилоты не начеку, как им положено быть.

Единственный способ пугать людей – это говорить, что 75% всех АП зависят от человеческого несовершенства, сбоя.

Инциденты и авиационные происшествия (АП)

Другой факт, пугающий людей – это то, что с 1980 года все инциденты докладывались и разбирались. До этого времени только АП докладывались и разбирались. Это, в действительности, делается для того, чтобы улучшить безопасность и значительно уменьшить число АП. Но за пределами авиакомпании люди боятся, потому, что они не могут понять разницу между аварией и инцидентом.

Положительным в инциденте является то, что он доказывает, что Система Безопасности работает. Система Безопасности конструируется нашим ЧФ. Авария (АП) не произошла! Но много ценной информации может быть найдено в каждом инциденте для дальнейшего улучшения Системы Безопасности.

Другой важной особенностью является то, что мы дали экипажу авиакомпании более хорошие средства, которые позволят ему «знать, чтобы быть начеку» вводя великолепные тренажеры и реалистичные макеты кабин. Мы используем наш ЧФ в действии, чтобы улучшить безопасность полетов. ЧФ не является причиной каких-либо АП.

По-моему, именно когда ЧФ не работает, происходят АП. Несрабатывание ЧФ ведет к Человеческим сбоям. Это показывает, что наиболее важным при обучении ЧФ знать, какие внешние факторы имеют негативное влияние или могут полностью блокировать наш ЧФ. Мы также должны учиться замечать предупреждающие сигналы, когда мы приближаемся к их внешним пределам. Позвольте мне предположить следующее, что разрушает ЧФ:

Стресс, возникающий из-за окружающей среды, плохого общения, неправильного лидерства, высокой рабочей нагрузки, проблем в семье и т.д.

Усталость

Болезненное состояние

Низкая квалификация

Прием лекарств или наркотиков

Голод и жажда

Недостаток кислорода

Неправильное отношение к ситуации (самодовольство)

Стресс – основной фактор, о котором мы должны знать больше. Усталость выключит наш ЧФ после определенного количества действий. Болезненное состояние постепенно убивает наш ЧФ. Низкая квалификация, возможно, это главная причина высокого числа АП в определенных районах земного шара.

Лекарства или наркотики – хорошо известная причина.

Голод и жажда (об этом факторе будет рассказана маленькая история)

Наше отношение должно быть ориентировано на обеспечение безопасности полетов.

ПЕТЛЯ – перспективная концепция

(Примечание. Под «петлей» понимается полет по схеме зоны ожидания. В русском языке аналогом слова «петля» может быть, часто употребляемое в авиационной среде, слово «коробочка»)

Моим логотипом является ПЕТЛЯ (LOOP®) так как я верю, что это слово – важное слово, относящееся к безопасности полетов и для сохранения наших жизней. Все мои семинары и курсы по ЧФ называются курсы «ПЕТЛЯ».

1. Если любой индивидуум находится в «ПЕТЛЕ», риск для ЧФ будет снижаться.

2. Когда я был молодым пилотом, летавшим на Р51 «Мустанг» и «Вампире», я заметил, что когда я находился вверх ногами на вершине ПЕТЛИ, я видел такие детали на земле, которые раньше не замечал.

Мой вывод таков: мы, время от времени, должны делать умственную ПЕТЛЮ и постараться взглянуть на вещи под необычным углом. Мы должны увидеть себя не только в зеркале, но также и глазами других людей.

Вопросы, соответствующие концепции «ПЕТЛЯ»:

- Что мои друзья, коллеги, экипаж, пассажиры, моя семья и моя авиакомпания ждут от меня?

- Мое отношение подходит для жизни, которую я сейчас веду, для моей настоящей профессии и т.д.?

3. В качестве линейного пилота я сделал много горизонтальных петель (кругов), когда я подходил к аэропорту и вынужден был ожидать в зоне ожидания. И вот, что я заметил: мое восприятие ВРЕМЕНИ менялось. Один круг в зоне ожидания занимает около 5 минут. В течение тех 5 минут я успевал многое сделать.

Мой второй пилот и я получали время для расчета топлива и выбора запасного аэродрома. Мы получали погоду по ветру и коэффициенту сцепления, чтобы подготовиться к посадке. У нас было время, чтобы сделать объявление пассажирам по «громкой связи» и информировать бортпроводников.

В такой «ПЕТЛЕ ожидания» у меня было чувство, что мое время растянулось. Те 5 минут стали длиннее, сравнивая их с 5 минутами на маршруте, на полной скорости.

Мой вывод таков:

В нашей повседневной жизни мы часто мчимся на полной скорости. Это приводит к множеству стрессов, которые могут аккумулироваться и создавать нам непосильные условия работы. Так сделайте «ПЕТЛЮ ожидания».

Сядьте на 5 минут в кресло-«ПЕТЛЮ» и спросите себя. Правильно ли выбран мой аэропорт назначения или надо выбрать запасной? Следует совершить посадку, чтобы дозаправиться или установить соответствующий режим работы двигателей и лететь дальше? Может быть, я должен поменять что-то в своей жизненной ситуации? Какому второму пилоту я мог бы об этом сказать? На какой частоте я мог бы получить ценную информацию?

Без колебаний подходите с вопросами к кому-нибудь из своей семьи, к другу или коллеге. Имеются также и профессиональные помощники (психологи).

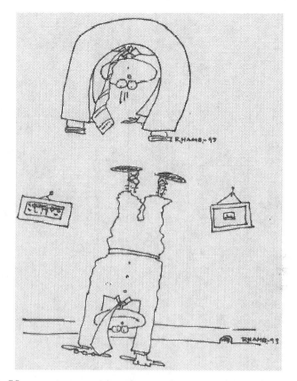

Учитесь смотреть на мир под другим углом

Чтобы проверить, есть ли у вас «петлевое» виденье, я дам вам это…

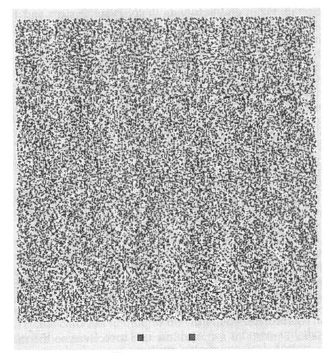

«Петлевое» виденье

Взгляните на две точки под рисунком. Если сфокусировать глаза «за» картинкой, вы увидите четыре точки. Попытайтесь затем получить три точки путем изменения установки ваших глаз. Сохраняйте эти три точки некоторое время и затем поднимите ваши глаза и взгляните на рисунок без изменения установки ваших глаз.

Тогда вы увидите пропеллер.

Теперь вы научились видеть вещи другим способом.

Наша электрическая система

Пилоты приучены к изучению электро- и гидросистем своих самолетов. Так что, когда я читаю свои лекции о нервной и кровеносной системах применительно к нашему ЧФ, я обычно объясняю их в терминах технических систем на подобии электрической и гидравлической систем. Кто-то изобразил нашу нервную систему в виде нервных соединений ко всем частям нашего тела и мозга длинной около 480 000 км. В действительности они не вытянутые струны, вроде электропроводки, а состоят из сотен миллионов нейронов. Каждый нейрон изолирован от своих соседей микроскопическим окном, через которое один нейрон может передать сообщение другому

16

нейрону. Каждый нейрон может иметь около 1500 соединений - синапсов (*синапс от греч. synapsis - соприкосновение, соединение — специализированная зона контакта между отростками нервных клеток и другими возбудимыми и невозбудимыми клетками, обеспечивающая передачу информационного сигнала*). Полагаю, что у нас 400 миллионов нейронов. Таким образом, мы несем, по крайней мере, 600 000 миллионов синапсов. Первый нейрон образуется через две недели после зачатия и к рождению большинство из них уже полностью имеются, но система будет постоянно улучшаться, так как синапсы продолжают развиваться почти до 20-летнего возраста. Когда зародышу 30-40 недель, около 20 000 нейронов образуется каждую минуту!

Очевидно, что все виды медикаментов, вводимых в систему, когда она формируется – раньше, чем до 20-летнего возраста – могут стать причиной повреждений и легко формируют зависимость от них, что станет проблемой на протяжении всего остатка жизни. Синапс состоит из передатчика и приемника так, что сообщение может быть послано только в одном направлении.

Синапсы нуждаются в большом количестве кислорода. Около 10 000 футов (3000 м) систему нужно обслужить дополнительным кислородом, чтобы она функционировала должным образом.

Икар погиб из-за недостатка кислорода, а не потому, что его крылья расплавились от солнечного нагрева. Так следственная группа заключила на этот раз.

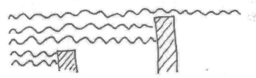

Пороги могут остановить передачу сигналов

Пороги

Чтобы понять реакции на стресс и почему некоторые люди иногда не видят того, что им следует делать, и не реагируют так быстро, как следует, важно упомянуть о так называемых порогах.

Определенный минимум стимуляции нужен для того, чтобы начать передачу и дать нам чувственный опыт. Мы имеем, так сказать, пороги, которые препятствуют сигналам приниматься мозгом. «Высота» этих порогов будет варьировать время от времени в зависимости от физических условий и мотивации.

При высокой степени стресса эти пороги могут даже полностью остановить передачи, так что все наши чувства будут блокированы (см. главу 5).

Смерть нейрона

Нейроны умирают. Они могут умирать с возрастом. Если они не используются, они также умирают, так что активизируйте свой мозг. Они могут быть убиты медикаментами или в результате аварии.

Если они мертвы – они мертвы. Повреждение может быть исправлено только образованием новых синапсов, от свежих нейронов, созданием прохода вокруг мертвого нейрона. Это требует времени, а также огромного желания и силы воли от носителя поврежденной системы.

Центральная нервная система

Наш головной и спиной мозг формируют центральную нервную систему. Мозг может рассматриваться как супер компьютер, контролирующий систему. Спинной мозг – это распределительная электропанель, соединяющая центральную систему с периферийной системой, посылая и принимая информацию к и от остального нашего тела.

Спинной мозг не принимает участия в принятии решения. Единственное действие, которое спинной мозг выполняет – это рефлексы, и функционирование тех рефлексов, которые контролируются нашими докторами, когда они раздражают наши стопы или слегка постукивают по сухожилию перед коленной чашечкой.

Мозг

Позвольте мне дать краткое схематичное пояснение строения мозга.

На очень раннем этапе нашей эволюции сформировался довольно примитивный мозг на вершине нашего позвоночника. Доктор Поль Маклин, Национальный институт умственного здоровья, округ Вашингтон, назвал его «рептильный мозг». Он состоит из мозгового стержня, продолговатого мозга, варолиева моста, ядра центральной нервной системы (межсвязующая система мозгового ядра, ассоциируемая с основными потребностями и эмоциями, такими как, голод, боль, удовольствие, удовлетворение, секс и инстинктивная мотивация. Эта, наиболее примитивная часть мозга, располагается близко к внутренней стенке каждой полусферы центральной нервной системы и включает в себя систему мозга, связанную с ощущением запаха) и мозжечка.

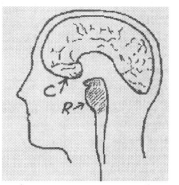

Все наши ощущения формируются и собираются в рептильном мозге. Там мы можем найти основные, базовые потребности, такие как, голод, жажда и сексуальность. Если рептильный мозг не контролируется головным мозгом и корой головного мозга, сформировавшегося значительно позднее в результате эволюции, последовательность наших решений может стать катастрофической. Если сдерживающий механизм в контролирующем мозге не работает, или под действием наркотика (или алкоголя), сильные чувства, возникающие в рептильном мозге могут превратиться в такую агрессивность, что это станет опасно и для его владельца и для тех, кто рядом с ним. Контролирующие сигналы преобразуются в довольно хрупкие «нитеобразные связи». Эти нитеобразные связи легко блокируются, если чувства становятся слишком сильными. И носитель такого неконтролируемого рептильного мозга может закончить в тюрьме из-за своих действий.

Другим проявлением неконтролируемого рептильного мозга является паника.

Один из моих студентов однажды спросил меня: « Почему так легко сразу ответить «НЕТ». А потом, через некоторое время я осознаю, что мне следовало ответить «ДА».

Мы обсудили с ним этот вопрос и через некоторое время мы осознали, что это наш рептильный мозг отвечает «НЕТ».

Когда вопрос, несколькими мгновениями позже, принимается и обрабатывается головным мозгом, при помощи коры головного мозга, мы понимаем, что можно было бы ответить «ДА».

Наш рептильный мозг является первым приемником входящих чувствительных сигналов.

Он надзирает за нашими жизнями. Он очень консервативный. Он сформировал все наши типы отношений и ожиданий. Когда мои дети, моя жена, мои работники спрашивают что-то или что-то предлагают, мой рептильный мозг немедленно рассматривает это как изменение стабильного состояния и безопасности. Любое изменение может представлять опасность, так что наша природа, конечно, отвечает «НЕТ».

Когда вы находитесь в безопасности, не позволяйте своему рептильному мозгу давать немедленный ответ, как это происходило миллионы лет назад. Дайте своему головному мозгу возможность решить: хорошее или плохое какое-то предложение до того, как вы ответите. Это и есть основное различие между цивилизованным использованием мозга и самым примитивным способом его использования.

Грубая классификация контролирующего мозга, как вы знаете, это его деление на левую и правую полусферы.

Проще говоря, левая сторона, если смотреть сзади, это аналитическая, счетная, критикующая, не прощающая, цифровая сторона. Правая сторона более творческая, космическая, артистическая, аналоговая и прощающая. Баланс между левой и правой полусферами и баланс между контролирующим и рептильным мозгом проверяется психологами при приеме на специальность пилота, а также «проверяются» при опросах перед приемом на работу. Этот баланс формирует нашу индивидуальность. Лично у меня есть чувство того, что наша душа, наш дух находится именно здесь и почему бы этому не быть центром нашего Человеческого Фактора.

Наша гидравлическая система (гидравлическая = жидкость в трубке)

Наша электрическая система и остальное наше тело подпитываются энергией при помощи нашей кровеносной системы. «Топливо» (питание), кислород, гормоны, отходы и лекарства распределяются через эту систему.

Мы все знаем, что стандартная гидровлическая система состоит из следующих компонентов:

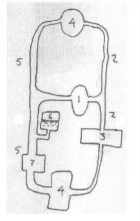

1.   Насос
2.   Трубопровод
3.   Фильтр
4.   Блок, к которому нужно подвести гидр
5.   Возвратный гидропровод
6.   Гидробак с резервной гидрожидкостью
7.   Обратный насос

В нашей собственной гидросистеме мы им

1. Сердце

2. Артерии

3. Печень

4. Мускулы и нейроны

5. Вены

6. Около 1/3 количества крови собирается

в капиллярах готовая к использованию когда нужно

7. Венозный насос.

Если вы выполняете и практикуете бег трусцой, то замечали, что менее, чем через километр ваше дыхание изменяется и вы чувствуете то, что называют «второе дыхание».

В это время ваш резерв гидрожидкости покинул капилляры и принимает участие в распределении кислорода. Емкость теперь увеличивается на 50% и это причина того, почему вы можете уменьшить частоту вашего дыхания.

Сердце

С технической точки зрения мы научились говорить о различных типах насосов. Бывают насосы на основе создания давления, всасывающие насосы и насосы двойного действия. Бывают мембранные насосы, качающие насосы и вращающиеся насосы. Какой тип насоса представляет собой наше сердце? Я рассматриваю его как качающий насос/насос на основе создания давления. Оно не имеет всасывающих устройств.

21

Поскольку сердце не имеет всасывающего устройства, встает вопрос: *Что заставляет кровь возвращаться обратно в сердце?*

Что касается мозга, то нет проблем, она, так сказать легко «падает вниз» обратно к сердцу. Но из ступней и ног насосу по трубопроводу низкого давления (венам) нужно донести кровь обратно в сердце. Внутри вен имеются створки-клапаны, которые мешают крови течь в обратном направлении.

Это и есть венозный насос, он также качающий насос/насос на основе создания давления.

Когда мы двигаемся, наши мышцы работают и заставляют вены сжиматься и опять вытягиваться. Давление внутри будет колебаться.

Данный эффект вместе со створками-клапанами будет транспортировать кровь обратно вверх опять к сердцу. Мы все замечали отекшие стопы и ноги после долгого сиденья в кресле в самолете. Покрутите ногами или сделайте массаж. Насос вернет кровь обратно к сердцу.

Когда Иисуса Христа распяли, в действительности он умер, потому что не мог двигать ногами. После нескольких часов он потерял сознание и затем умер, потому что его мозг перестал получать достаточно крови и кислорода. Его сердце не имело крови для перекачки, так как его возвратный насос перестал работать. Это схоже с фактом, когда иногда солдаты теряют сознание, стоя навытяжку на посту. Их возвратный насос был вынужден остановиться.

Его возвратный насос был вынужден остановиться

Наш насос, создающий давление – сердце, также имеет «ВСУ – вспомогательную силовую установку», которая контролирует базовое сердцебиение около 60 ударов в минуту. Если нужно увеличить сердцебиение, мозг начнет посылать сигналы к сердцу, чтобы увеличить его действие. А если нужно еще больше увеличить сердцебиение, сигнал будет послан к резервному гидробаку, чтобы подлить жидкости в систему. Чудесная система, не так ли?

Это было краткое описание нашей «Гидравлической системы». Но эта система имеет и другую важную цель. Она также используется для быстрого распространения информации. Даже если электрические сигналы имеют скорость 120 м/сек, это потребует некоторого времени, чтобы покрыть расстояние в 480000000 м нервов, которые мы имеем. Следовательно, кровоток также используется для передачи информации в нашем теле.

Гормоны вырабатываются железами. Железы располагаются в нашем мозгу и теле, готовые вырабатывать различные виды гормонов.

Они управляют множеством функций, такими как: рост тела, нашим настроением, уровнем энергии и способностью совладать со стрессом.

Они готовят нас к опасности и управляют нашим сном. Нервные клетки могут только передавать сообщения к близлежащим нейронам.

Гормоны в кровотоке могут посылать сообщение на большое расстояние в теле и воздействовать на далеко расположенные клетки.

Обычный пример.

Мужчина воспринимает женщину. Его рептильный мозг реагирует положительно на ее появление, ему нравится ее лицо и привлекательное тело, ее аромат и благоухание. Эти позитивные сигналы принимает железа гипофиза в его мозгу. Особые гормоны вырабатываются и быстро отсылаются к его вкусам.

Они начинают вырабатывать тестостерон, который распространяется по его телу и начинается множество реакций. Гормоны достигают контролирующего мозга. Он решает пойти в цветочный магазин, парфюмерную лавку и другие магазины, чтобы купить подарки. Мужчина, который обычно довольно экономный, становиться щедрым. Если женщина его мечты отвечает на его сигналы, стартует ее поток гормонов и с этого момента может произойти все, что угодно, о чем моя скромность не позволяет мне писать.

Восприятие и наши пять органов чувств

Важной функцией нашей нервной системы является способность давать нам информацию через наши органы чувств. Эти пять органов чувств передают энергию, входящую из внешнего мира вокруг нас, через нейроны и синапсы, в мозг, где эти электрические сигналы декодируются и трансформируются в нечто, что мы и воспринимаем.

Это декодирование электрических нервных сигналов в нечто, что мы видим, слышим, чувствуем, в запах и вкус называется ВОСПРИЯТИЕ. Итак, мы не слышим нашими ушами, не видим глазами. **Мы видим и слышим нашим мозгом.**

Итак, как это действительно функционирует?

Наша Память

Выше уже кратко объяснялась работа «рептильного мозга» и его функции.

Этот «рептильный мозг» – первый приемник входящих сигналов нейронной информации от наших органов чувств. После прохода через «рептильный мозг», контролирующий мозг принимает сигналы. Этот мозг управляет нашими действиями, способом мышления, обучения и способом принятия решений.

Имеется три различных и очень важных функции или «вспомагательные компьютеры» в нашем мозгу:

1. Долгая память
2. Короткая память
3. Моторная память

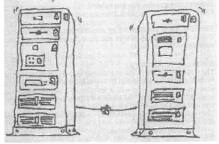

Долгая память   Короткая память

Долгая память и короткая память могут рассматриваться как два мощных компьютера. Они оба имеют огромную емкость. Они работают дружно вместе, но используются для разных целей.

Долгая память

Целью работы долгой памяти является собирание знаний и опыта. Все, что мы изучили и узнали на собственном опыте в жизни, собирается в мириадах нейронов и синапсах. Большинство из них мы не можем разыскать. Это подсознание.

Когда мы говорим: «Я не помню», это действительно означает, что наша долгая память не может найти данную информацию. Она там где-то..., но где?

Долгая память, практически имеет бесконечную емкость, но проблемы могут возникать при ее загрузке, или когда мы пытаемся вытащить информацию из нее. Риска перегрузить ее нет, как это случается с офисным компьютером. На самом деле это истина, что чем больше вы учитесь, тем должно быть легче изучить еще больше. Нейроны, как и мышцы, должны работать. В противном случае они чахнут, теряют емкость и, наконец, умирают.

Долгая память должна быть чем-то активирована для того, чтобы собирать и выдавать информацию. И это наша короткая память, которая, я полагаю, и есть активатор.

Короткая память. Короткая память – это, как мне видится, вход в и выход из долгой памяти. Когда сигналы от наших органов чувств прошли в рептильный мозг и всколыхнули наши чувства, они, через долю секунды, входят в нашу короткую память. (Скорость электрических сигналов в нашей нервной системе около 120 м/сек). Они входят в закодированном виде без опознавания, так что наша короткая память немедленно выдает вопрос к нашей долгой памяти:

- Что все эти сигналы означают?

Долгая память принимает вопрос и пытается найти синапсы, которые отвечают на эти сигналы, осознает их и доставляет правильный ответ. Когда эти сигналы инициировали работу нужных синапсов, ответом может быть: «Красный «Вольво 850». Наша короткая память принимает это сообщение и восприятие завершается. Теперь вы увидите красный «Вольво 850». Красивая картинка в трех измерениях встает перед нами.

Иллюзии

Когда «долгая память» принимает запрос от «короткой памяти», она всегда старается найти ответ. Иногда он не находится. Мы говорим, что это забыто.

Иногда ответ приходит через доли секунды, а иногда вы «вспоминаете» имя минутой или часами позднее. Поиск продолжается, даже если вы уже оставили попытку решить проблему.

Проблема в том, что иногда, так как ваша память очень занята тем, чтобы достать ответ, она находит это «нечто», полагая, что ответ найден верный, но это не так. Тогда мы говорим, что иллюзия доставляется в «короткую память» и вы увидите или услышите что-то, что вы верите и есть реальность, но в действительности это не так. Так как ответ из «долгой памяти» доставляется без вопросительного знака, вы не называете то, о чем запрашиваете, что уже приняли. Вы верите, что ответ верный.

Нет! Это иллюзия!

Иллюзия – это неверное восприятие верной информации.

Галлюцинация – это нечто, что сотворил мозг без каких-либо входящих сигналов от органов чувств.

Охотники могут легко увидеть то, что они сильно желают увидеть. В туманный день вы можете очень хорошо видеть косулю на краю леса. Вы видите это ясно до тех пор, пока ваш друг не скажет, что это не косуля, а козлы для пилки дров. Тогда вы ясно видите, что это в действительности. Потому, что теперь ваша «долгая память» также получила словесную информацию и смогла легко найти верный ответ. Вы не можете даже понять, как вы могли так ошибаться прямо несколько секунд назад.

Каждый человек, конечно, как и пилот, подвергается риску попасть в ловушку иллюзии. И раньше, и сейчас пилоты садились на не тот аэродром. Не смейтесь над ними. Будьте скромны. Вы можете быть следующим, кто сделает ту же самую ошибку. Помните, что его решение было, по сути правильным, но основывалось на иллюзии. Эта иллюзия могла быть исключена дополнительной информацией, такой как DME, VOR, ADF и так далее. Вот почему профессиональный пилот использует всю доступную информацию, даже если это кажется не нужным.

Два примера иллюзии в кабине экипажа:

1. На эшелоне полета FL290 вы видите самолет, подлетающий с противоположного направления.

Кажется, что он намного выше вас, но когда вы расходитесь с ним, он проходит под вами на эшелоне FL280. Он и был все время ниже вас, но кривизна земли заставила вашу «долгую память» вытащить иллюзию. Основное правило для «долгой памяти» - это то, что объекты, видимые над горизонтом, выше вас.

2. Вы летите в направлении кучево-дождевых облаков. Кажется, что они выше вас, но 5 минутами позднее вы проходите их намного выше.

Чтобы уменьшить риск иллюзии и неправильного решения, имеется, по крайней мере, два пилота в кабине экипажа. **Обсуждайте и информируйте других о том, что вы видите и слышите и о ваших намерениях и решениях**.

Одна или две экстра «долгих памяти» в кабине экипажа могут найти верный ответ более легко. Несколько примеров условий, которые могут исказить наше восприятие: стресс, отношение, ожидание, усталость, голод, жажда, гипоксия (недостаток кислорода в крови), механизм защиты и лекарства (или наркотики). Это показывает, почему разные люди могут воспринимать одну и ту же реальность по-разному. Предчувствие (или ожидание), когда вы мысленно готовитесь к чему-нибудь, улучшает наше восприятие. Также знания, эффективное общение и опыт могут улучшить восприятие.

Иллюзия

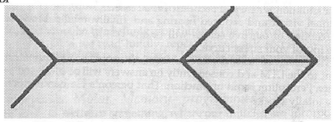

Какой отрезок длиннее? Или они равны?

Это в нашей «короткой памяти» сигналы, входящие из окружающего нас мира, становятся реальностью. Вот почему это может рассматриваться, как наше сознание, а также называться нашей «рабочей памятью». Емкость нашей «короткой памяти» используется для построения этой реальности. Она не используется для запоминания чего-либо более, чем на несколько секунд.

Научные исследования показывают, что число, которое она может запомнить, довольно ограниченное. Нормальная емкость хранения информации, в течение тех нескольких секунд, говорят, должна быть 6 – 8 знаков. Емкость нашей «короткой памяти» - это самый общий тест для будущих пилотов. Психолог может сказать, например:

5 2 7 9 6 7 2 8 и затем попросить повторить числа.

Емкость «короткой памяти» постепенно увеличивается с возрастом от 1 до 8 единиц. Емкость нашей памяти может быть улучшена тренировкой и в практике это используется, когда мы выполняем повтор разрешений (например, выруливания, занятия исполнительного старта, взлета и т.п.).

Если повтор берется из «долгой памяти», которая слышала то же разрешение много раз, имеется огромный риск, что он может быть неверным, потому что однажды разрешение будет гласить: «Пересечь маяк DA на эшелоне FL220» вместо FL200, как обычно. Это не отслеживается «долгой памятью» и инцидент может быть совсем близко. Объем «короткой памяти» фокусируется на том, что нужно, чтобы сформировать нашу реальность. Просто представьте, сколько данных по объему нужно, чтобы сформировать картинку, неискаженную цветную картинку, в трехмерном пространстве, в поле обзора почти 180 градусов и полностью ясную и устойчивую, даже когда вы двигаете вашей головой. Проблема в том, что «короткая память» постепенно уменьшается в ситуации, когда вы становитесь перевозбужденным в состоянии стресса. «Туннельное зрение», сниженный слух и, наконец, полное блокирование восприятия нашими пятью органами чувств будет в результате прохода вершины кривой вашего стресса. Если «короткая память» не функционирует из-за стресса, то не будет послано никаких вопросов в «долгую память» и, следовательно, никаких ответов не будет произведено.

Таким образом, восприятие не будет функционировать. Тот самый «человеческий фактор» полностью блокируется.

Позвольте повторить:

Первоначально входящие сигналы приходят в «рептильный мозг», где чувства, наподобие гнева, страха, счастья или радости возникают внезапно.

Затем сигнал прибывает в «короткую память», которая пошлет его в «долгую память», где он декодируется (расшифровывается).

Затем сигналы посылаются обратно в «короткую память» и здесь вы понимаете, что вы видите, слышите и т.д. Восприятие завершается.

Интересный факт, касающийся восприятия, это то, что наш мозг иногда имеет проблемы понимания, правильного восприятия, отрицания в комбинации со словами, вызывающими чувства. Например, если вы скажите вашим пассажирам или бортпроводникам такие слова: «Нет проблем», «Все безопасно», «Никакого риска нет» или «Не паниковать», то могут возникнуть проблемы.

«Рептильный мозг» может легко воспринять слова: проблемы, опасно, риск, паника и может последовать немедленная реакция.

Слово «нет», осознанное «долгой памятью» 1/10 секундой позднее, не может остановить реакцию, которая уже началась в «рептильном мозгу».

Обучение

Если вы хотите выучить что-то, ваша «короткая память» должна решить, что «это важно, и я должен не забыть это». Затем эти сигналы передаются обратно в «долгую память», повторенные снова и снова. Теперь «долгая память» запомнит, где это храниться и может поднять ее, когда поступит вопрос теста, например, по гидравлической системе. Способность к обучению будет улучшена, если мы заинтересованы и имеем позитивное отношение, если мы действительно хотим учиться и имеем хорошего инструктора.

Мы не должны быть усталыми, голодными или страдать от жажды. Окружающая среда должна быть хорошей и если мы читаем громко, повторяем это и просим кого-нибудь прочитать это громко для нас, или использовать магнитофон, учебный процесс улучшиться.

Как «моторная память» программируется?

Как только мы учим что-то, где наши мускулы объединяются для работы, наша «моторная память» начнет сохранять движения мускулов. Одновременно наша «долгая память» программируется информацией о том, как нужно действовать.

Мы можем припомнить все наши первые уроки, когда мы учились летать. Летный инструктор обучал нас как должен выполняться левый разворот. Влево элерон, влево руль направления, немного воздействовать на руль высоты, чтобы не потерять высоту, увеличить тягу и затем легкое давление вправо на колонку управления, чтобы остановить крен и наконец проверить ваш руль направления для того, чтобы не скользить в развороте.

«Держи шарик в центре»

Мы учились и учились и программировали нашу «долгую память». Мы очень уставали и обычно засыпали очень рано вечером.

«Как я могу выучить все это?»

Без вас, зная это, ваша «моторная память» соберет все те движения, и, после определенной практики, ваши мышцы сработали автоматически, контролируемые вашей «моторной памятью».

Как только «моторная память» возьмет все на себя, множество энергии высвобождается. Ваша способность действовать растет и вы можете сделать больше. Когда ваша «моторная память» берет все на себя, ваши решения базируются на навыке.

Значит, навык означает автоматизм, хорошо натренированные действия и решения. Мы можем легко заметить функцию нашей «моторной памяти», когда переходим с одного типа самолета на другой. Когда мы читаем новую контрольную карту, мы первоначально используем нашу «долгую память» и наши решения основываются на правилах и прочтение контрольной карты занимает довольно много времени. Через несколько недель ваша «моторная память» запрограммируется должным образом. Чтение контрольной карты займет 1/10 времени, которое требовалось ранее. «Моторная память» в действительности также называется последовательным управлением, так как один пункт автоматически запускает следующий по очереди. Ходьба – типичный пример. Это было действительно трудно выучить, но может теперь легко выполняться. «Моторная память» - прекрасное безопасное устройство. Навыки пилота программируется здесь.

Навыки сберегают энергию пилота и делает возможным выполнение множества заходов на посадку и посадок в сложных метеоусловиях при обледенении, в снеге, при плохом торможении, боковом ветре и т.д. без испытания чувства стресса.

То же подходит и к навыку кабинного экипажа. Когда натренировано множество действий и действие выполняется «моторной памятью» и сохраняет энергию, поглощаемую связью между «короткой» и «долгой памятью». В действительности «моторная память» продолжит действовать и создавать хорошие решения даже тогда, когда стресс начинает ухудшение восприятия.

Тренажерное обучение

Когда мы учимся летать на другом типе самолета или переходим с правого на левое сиденье при вводе в командиры, стоит вспомнить важные факты, касающиеся обучения. При этом состояние важности и стресса так велико, что это оказывает влияние на наше восприятие. Первый чувствительный орган, на который оказывается влияние – наше зрение. Мы получаем первую стадию «туннельного видения». Наше поле зрения быстро уменьшается от почти 180° до всего лишь нескольких. Мы все еще можем воспринимать то, что мы видим и можем принимать соответствующие решения, но мы не увидим светосигализатор в углу наших глаз, как это бывает обычно.

Мы должны взглянуть на него, чтобы заметить светосигнал. К сожалению зона слева и справа не становится черной, так что мы не замечаем этого эффекта. Это похоже на то, когда одевают шоры, не осознавая этого. Мы чувствуем неудобство и, может быть, нехватку информации, но наш мозг все-таки функционирует. Мы все еще профессионально справляемся со своими обязанностями. В действительности, мы находимся в этой фазе в течение периода обучения, выполняя полет на тренажере или при обучении по вождению машины или по обслуживанию пассажиров в макете салона или во время первого вылета с инструктором по маршруту. В таких случаях мы все имеем «туннельное видение» в разной степени. Но мы получаем максимальное обучение.

Нагрузка или требования к студенту на тренажере очень высоки и он близок в этой ситуации к точке, где он не услышит чего-то и следовательно ничему не научится.

Итак, запас между максимумом обучения и нулевым результатом обучения очень мал. Очень важно, чтобы оба: и инструктор, и обучаемый осознавали этот факт. В течение учебной сессии мы можем заметить, что на некоторых этапах мы встречаем затруднения, в то время, как на следующем этапе легкость. Кривая обучения сильно сгибается.

Короткий период она плоская и вскоре после этого резко возрастает. Когда обучение завершается, навыки и знания быстро падают, почему нам и дается периодическое летное обучение (на тренажере), тестирование на кампьютере и курсы повышения квалификации каждые шесть месяцев.

Небольшая история

Позвольте мне процитировать из ранее написанного после работы на семинаре и в рабочей группе ИАТА по человеческому фактору в авиации в Бахрейне 6-9 марта 1995 года.

«Несколько мудрых слов», сказанных Гуннаром Фалгреном на завтраке, послесеминара «GLOBAL NAV COM '95»:

- Мы, сейчас, были вместе в течение 4 дней, наполненных интересными семинарами. Безопасность полетов, которая, в действительности, является главным приоритетом, была главным объектом этого семинара и разные выступающие охватили все аспекты этой важной темы. Почти...

Две важные части безопасности полетов никогда не были в фокусе какого-либо симпозиума или семинара, которые я когда-либо посетил – **питание и время**.

Голодный командир на борту самолета – это предельно опасно. Я могу сказать вам почему. Когда я усердно работал как линейный командир самолета, мне казалось, что все люди вокруг меня: экипаж, наземный персонал и даже пассажиры становились бешенными, когда я был голодным. Впоследствии я понял, что эти люди были далеки от влияния на безопасность моего полета и я, в качестве превентивного действия, всегда ел как можно чаще. Я пришел к выводу, что это был самый лучший способ для голодного человека оставаться в рабочем состоянии и использовать свои навыки и опыт. Иначе люди глупеют.

Это напоминает мне о статистики, показывающей, что ушедшие на пенсию пилоты имеют тенденцию умирать вскоре после своего выхода на пенсию. Почему? Ну, ответ прост: их жены не были научены тому, что пилотов нужно кормить каждый час.

Итак, я поговорю о времени.

«Временной стресс» – это серьезная часть «человеческого фактора» и причина авиационных происшествий. Но, разве время является таким источником стресса? Ну, конечно, оно иногда может быть таким источником стресса, но обычно нет, если мы умеем смотреть на время в более расслабленной манере. Большинство людей смотрит на время цифровыми глазами. Время тикает, проходит рядом и теряется. Как линия, которая постоянно исчезает.

Другие имеют более аналоговый способ взгляда на время. Время идет по кругу, оно поворачивается как наша земля, как наша вселенная. Всегда приходит новое время. Каждый день имеет 24 часа. Так как время всегда возвращается, вам не нужно впадать в стресс и беспокоиться. А в день, когда ваше время истечет, вам вообще не нужно беспокоиться».

Подумайте об этом.

Глава 2. Принятие решения

Зачем нам память?

Ну, конечно, это прекрасно взглянуть назад и вспомнить свое детство, родителей, своих детей, семью, коллег, отпуск и т.д. Вроде взгляда на старую фотографию. Но, в действительности, цель нашей памяти быть способной принимать решения и быть способной планировать наше будущее.

Под будущим я имею в виду действия/решения, принимаемые на следующей секунде, минуте или после недель и лет.

Вы решаете поднять вашу правую руку. В вашей памяти храниться все, что нужно активировать и как активировать ваши мускулы. И нужная рука поднимается точно так, как вы хотели. Предположим, что вы идете к лестнице. Ваша память немедленно осознает что это и вычисляет как далеко она находится, а также высоту ступенек. Все эти данные сохраняются и когда вы наступаете на ступеньки, ваша память запрограммирует ваши мышцы и вы можете шагать, думая о чем-то еще, говорить с кем-то или восхищаться видами. Но, если 16-я ступенька на 2 см выше, вы скорее всего споткнетесь. С помощью ваших чувств, знаний и опыта, сохраняемого в вашей памяти, вы можете решить свое будущее.

Опыт, знания и, конечно, также ошибки накапливаются и улучшают наши навыки в любой профессии.

Торговец будет торговать лучше на фондовом рынке, если в его памяти хранится несколько уже пережитых ошибок.

Наша память делает будущее менее непредсказуемым. С уменьшенной памятью или вообще без нее мы бы «спотыкались» все время и возможно очень скоро погибли бы в катастрофе.

Как наша память в действительности функционирует?

Ответом на этот вопрос является то, что никто не знает точно, как она работает. Конечно, все это находится в нашем мозгу. Миллиарды нейронов соединенных друг с другом с помощью триллионов синапсов заботятся об этом. Они формируют гигантскую сеть, где электрические сигналы наполняют нейропередатчики, вроде того, как, например, ацетилхолин и дофамин, которые являются очень важной субстанцией, заставляющей нашу память функционировать. Нехватка ацетилхолина отмечалась в мозге людей, страдающих от болезни Альцгеймера. А нехватка допамина может быть причиной болезни Паркинсона. Каждый синапс содержит частичку информации в нашей памяти. Много ученых придерживаются мнения, что весь опыт, который мы накопили, начиная, приблизительно, за два месяца до того, как мы родились – когда наша сенсорная система становиться уже достаточно развитой – до настоящего момента, складируется в нашей «долгой памяти». Но большинство этого опыта неосознанно. Мы не можем разыскать его. То же самое подходит и к вещам, которые мы должны вспомнить, но забыли. Они где-то сложены, но мы не можем их найти.

Смиритесь с тем, что вы можете забывать!

Это доказывает, что вы все еще имеете память.

Поскольку никто точно не знает, как она работает, есть много способов объяснить это. Наша центральная нервная система включает в себя все нейроны головного и спинного мозга. Спинной мозг не участвует в принятии решения, конечно, если вы не считаете, что рефлексы – это принятие решений. Эффективность наших спинномозговых рефлексов проверяется медиками, когда они щекотят подошву наших ног или легко ударяют по сухожилию под коленной чашечкой.

Рефлекс. Сигнал идет от вашей руки к спинному мозгу и сразу обратно, чтобы убрать вашу руку. Когда ваш головной мозг воспринимает жар, рука уже убрана.

Рептильный мозг

Самая старая часть нашего мозга располагается на вершине спинного мозга. Популярное название этой части – «рептильный мозг». Он был первоначально сконструирован, позвольте сказать, 500 млн. лет назад, когда мы оставили море и поползли, или были выброшены на землю. Как мне это видится, все наши чувства формируется и сохраняются в этом, довольно примитивном, мозге. Если «рептильный мозг» не контролируется нашим головным мозгом и корой головного мозга, сформировавшимся на, приблизительно, 499,5 млн. лет позднее, последствия наших решений могут быть катастрофическими. Если сдерживающее устройство в контролирующем мозгу не действует, сильные чувства возникшие в нашем «рептильном мозгу» могут превратиться в агрессивность, что крайне опасно и для владельца такого мозга и для окружающих.

Контролирующие сигналы передаются в довольно хрупкие нервы. Линии, которые легко блокируются, если чувства становятся слишком сильными и прервут всю передачу, если человек голоден или испытывает чувство жажды. Если система, через наши ощущения, находится слишком долго под сильным давлении, контролирующий мозг может даже прекратить попытку посылать контролирующие сигналы.

В результате можно оказаться в тюрьме или даже начать войну.

Головной мозг и кора головного мозга

Настоящий запас наших знаний, навыков и опыта – это головной мозг и кора головного мозга. Это конечный приемник всех сигналов от нашей сенсорной системы. Он управляет нашими мыслями и движениями частей нашего тела. Он имеет центр речи, он может анализировать и заботиться о восприятии, логическом мышлении, ассоциациях и эмпатии.

Эти две части нашего мозга: «рептильный мозг» и контролирующий мозг, должны быть сбалансированы. Если нет, то возникает множество проблем. Многие люди заканчивают тюрьмой, потому что позволяют «рептильному мозгу» принимать решения без какого-либо контроля со стороны контролирующего мозга. Грабежи, насилие и убийства могут стать результатом работы неконтролируемого «рептильного мозга».

Не только безумные решения, но и хорошие, красивые и чудесные решения, такие как, например, влюбленность формируются в «рептильном мозге». Но если нет даже слабого контроля со стороны контролирующего мозга, эти решения могут также стать причиной проблем. Интересно наблюдать за людьми, видеть по телевизору и читать в газетах и стараться выяснить, откуда приходит то или иное решение к ним.

Такие города как Бейрут, Сараево и Кабул являются хорошими примерами принятия решений без какого-либо контроля со стороны контролирующего мозга. Возможно, расисты и фундаменталисты имеют проблемы со своей контролирующей системой.

Отношение нужно держать под контролем

Наше отношение, быстро сформированное «рептильным мозгом», когда нужно, должно управляться и изменяться контролирующим мозгом. Это очень важное принятие решения. Посколку жизнь продолжается, мы взрослеем и становимся более ответственными. Это постепенное изменение отношений должно происходить, но довольно часто забывается. Решение сотворить и позволить «надзирателю за отношением быть» в вашем контролирующем мозгу – пример очень хорошего решения.

Ожидания также легко формируются «рептильным мозгом». Ожидания обычно не так реалистичны и, когда эти ожидания не происходят, «рептильный мозг» сходит с ума или становиться очень разочарованным. Как сказал мистер Дерил Р. Коннер в своем выступлении на конференции ИАТА в Монреале: **«Мы должны научиться перекалибровывать (перепроверять) наши отношения и ожидания».**

Проблема в том, что связи между «рептильным» и контролирующем мозгом вовсе не столь сложные, какими они являются в каждом из этих разделов мозга. Если чувства в «рептильном мозге» становятся слишком сильными, например, гнев, «рептильный мозг» «вскипает» и все входящие сигналы из контролирующего мозга блокируются. Это недостаток, который может измениться за несколько миллионов лет, если человек продолжит жить и размножаться. Такое состояние вещей показывает разницу в данном аспекте между разными личностями. Просто взгляните и сравните спойконый и холерический тип людей. Этот «коллектор/соединитель» - связь между «рептильным» и контролирующим мозгом — имеет огромное значение для того, как повернется наша жизнь и какое решение мы примем. Психологические тесты, которые большинство пилотов должны проходить перед принятием на работу в авиакомпании, сфокусированы на этом «коммутаторе/соединении» для того, чтобы выяснить, как он работает. Попробуйте взглянуть на своих соседей и выяснить: их решения и слова происходят неконтролируемо прямо от «рептильного мозга» или контролируются головным мозгом. Затем попробуйте сделать такое же наблюдение за собой. Но это уже значительно труднее. Очень хорошее решение – это контроль …того, **что ваш контролирующий мозг подсоединен до того, как вы начинаете говорить.**

Концепция принятия решения

Говоря о решениях, ученые обычно упоминают три типа решений:
1. Решения, основанные на правилах
2. Решения, основанные на знаниях
3. Решения, основанные на навыках

Имеется много способов описания того, как принимаются решения. Я представлю вам свое видение.

Решения вырабатываются как результат входящих сигналов от наших пяти органов чувств совместно со знаниями и опытом, сохраненными в нашем мозге. Эти входящие сигналы могут приходить от окружающей нас среды, т.е., что мы видим, слышим, чувствуем, обоняем и осязаем, или что мы читаем в руководствах по маршруту, правилах и требованиях, технологии работы и т.д. Решения приходящие, как результат чтения книг называются **решениями, основанными на правилах.** Входящие электрические сигналы передаются через нервную систему со скоростью приблизительно 120 м/с к «рептильному мозгу», где формируются ощущения и затем к контролирующему мозгу, где происходит восприятие и мы, так сказать, осознаем реальность. Та реальность, что мы видим и испытываем затем реализуется в решение

Такое решение может быть **коротким решением**, таким как: говорить, писать, напрягать мускулы или нажимать кнопки на компьютере или FMS (Flight Management System). Оно может быть также и **долгим решением,** таким как выбор образования, покупка новой машины или решения, куда пойти в следующий выходной. Разработка флайт-плана и расчет количества топлива на полет – это тоже долгое решение.

Разные люди, разные решения

Очень естественно и в это легко поверить, что вы и я видим и испытываем одинаковые ощущения, когда мы видим или слышим что-то, что воспроизводиться или передается одновременно для нас обоих. Но это не правда. Именно каждый кусочек информации, которую мы воспринимаем, проходит через фильтр нашего отношения и фильтр нашего ожидания до того, как она принимается нашим контролирующим мозгом. Если вы посмотрите на нечто, что вам нравится, вы воспримете это положительно и ваше решение сформируется в соответствии с вашим отношением. Если я посмотрю на тоже самое, но это мне не нравится, то и мое решение наиболее вероятно будет отличаться от вашего, потому что мое решение будет сформировано в соответствии с моим отношением. Культурные различия часто являются причиной принятия решения. Представьте двух критиков, которые смотрят одну и ту же пьесу или фильм, или прочитавших одну и ту же новеллу. Статьи, которые прочитаете в газете днем позже, могут довольно сильно различаться, потому что каждый критик имеет свое собственное отношение и свое собственное ожидание. Действительно, мы смотрим на мир вокруг нас через три различных и индивидуальных фильтра:

1. Фильтр ожидания
2. Фильтр отношения
3. Механизм защиты.

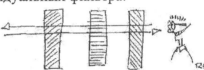

Первый фильтр наиболее просто управляемый и изменяемый. Второй фильтр чуть более сложный для изменения. И фильтр №3 не может быть изменен, так как он бессознательный. Мой опыт подсказывает, что мы можем даже говорить об усталости и голоде, как о четвертом и пятом фильтрах.

МДУ компьютер (Между Двух Ушей компьютер) – **это наш «человеческий компьютер»**. Этот компьютер управляет всеми нашими действиями, нашим образом мышления, обучением и нашим способом принятия решений. В этой управляющей системе есть три различных и очень важных функции или три дополнительных компьютера:

1. Долгая память
2. Короткая память
3. Моторная память

«Долгая память» и «короткая память» могут рассматриваться, как два больших компьютера. Они оба имеют огромную емкость. Они работают вместе, как «муж и жена» или как «одна семья», но используются для различных целей.

«Долгая память»

Я надеюсь, что вы помните, что было сказано о «долгой памяти» в Главе 1. Говоря о принятии решения, теперь я добавлю, что **решения, основанные на знаниях**, базируются на всех наших знаниях и опыте, хранящихся в этой «долгой памяти». Мы можем найти ответ в нашей «долгой памяти» за несколько секунд. Иногда мы «вспоминаем» это через час или на следующее утро. Когда это занимает много времени, решение задерживается.

«Долгая память» должна быть активирована чем-нибудь для того, чтобы сохранять и доставать информацию. И это наша «короткая память», которая и есть активатор.

«Короткая память»

«Короткая память» - это, как мне видится, вход и выход из «долгой памяти». Когда сигналы от наших органов чувств пришли в «рептильный мозг» и всколыхнули наши чувства, они, приблизительно, через 1/10 секунды, входят в нашу «короткую память». Входят они, как закодированные сигналы без конкретных значений. Тогда наша «короткая память» немедленно передаст вопрос в нашу «долгую память»: «Что все эти сигналы означают?» Наша «долгая память» принимает вопрос и пытается найти синапс, содержащий верный ответ.

Ответ может быть таким: «Мой друг Леша». Наша «короткая память» получает сообщение и на этом восприятие завершается. Теперь вы увидите его и скажите: «Привет, Леша».

Иллюзии

Мы можем легко увидеть то, что мы сильно ожидаем увидеть. Иногда мы не видим или не слышим то, что нам полагается увидеть или услышать. Каждый человек, конечно, как и пилоты, имеет риск попасть в ловушку иллюзий. В стрессовой ситуации, когда объем нашей «короткой памяти» уменьшается, риск иллюзии может легко возрасти. Это в нашей «короткой памяти» входящие сигналы из окружающего нас мира становятся реальностью. Вот почему «короткая память» рассматривается, как наше сознание, а также ее называют «рабочей памятью». И когда иллюзия входит в наше сознание это, конечно, принимается как достоверная реальность. И принимается неверное решение!

Читайте больше об иллюзиях в главе 1.

Взгляните на эту картинку

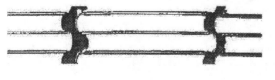

Информация входит в наш «рептильный мозг» и рождаются чувства. Затем «короткая память» получает сигналы и посылает запрос в «долгую память». «Долгая память» имеет проблемы. Чтобы найти картинку, которая соответствует принятым сигналам, требуется некоторое время. Может быть, вы не найдете никакого ответа вообще. В таком случае вы можете прочесть ответ в конце данной главы. Когда вы прочитаете его, тогда вы увидите что это и, возможно, подумаете: «Почему я не увидел этого сразу?»

«Моторная память»

Когда-то, миллионы лет назад, кто-то заметил, что это расходует очень много времени, пока «короткая память» и «длинная память» оценивают входящую информацию. Это задерживает очень необходимое быстрое решение. Так как обе памяти имеют большую сверх емкость, «они» решили использовать эту сверх емкость для формирования новой функции памяти. Затем одна часть нашей «долгой памяти» и одна часть нашей «короткой памяти» стали чуть-чуть более близко соединенными и сформировали то,что называется «моторной памятью» или нашей «процедурной памятью». Эта «моторная память» складирует хорошо

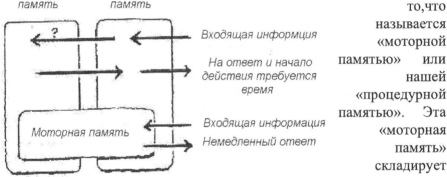

натренированные последовательности действий в нашей «долгой памяти». Она управляет моторными программами, моторными навыками, которые мы можем выполнять без затрат большого количества энергии, как, например, при управлении машины, велосипеда, при ходьбе, танце и, конечно, при полете.

В кабине ВС «моторная память» управляет многими действиями.

Например, «моторная память» осознает отказ двигателя на взлете при разбеге до скорости V1. Командир говорит: «Стоп».

Он одновременно применяет тормоза и убирает рычаги управления двигателями (РУД) на «0», затем включает реверс, выпускает спойлеры и дает полную тягу. При других обстоятельствах он говорит «Продолжаем взлет» и применяет соответствующие действия. Он учит и применяет эти навыки путем постоянной практики на тренажере. Когда он становится достаточно натренированным, величина канала умственной способности, требуемой для выполнения этой задачи уменьшается и позволяет воспользоваться запасной способностью для других целей. Его «моторная память» начинает действовать по команде его «короткой памяти» и отвечает немедленно без задержки. Если эти действия недостаточно натренированны, ответа не будет и вы должны будите ждать ответа из «долгой памяти». Но эта занимает много времени.

Как «моторная память» программируется?

Когда ваша «моторная память» руководит, ваши решения становятся решениями на базе навыков. Командир может легко отметить работу своей «моторной памяти», когда второй пилот громко читает карту контрольных проверок «Перед запуском двигателей». Он читает пункты контрольной карты один за другим и вы отвечаете автоматически. Когда вы слышите, как он зачитывает пункт карты, который вам полагается проверить и выполнить, ваша рука уже на тумблере даже до того, как он начал читать данный пункт. Это движение было уже приготовлено, когда вы выполнили предыдущий пункт. Вот почему «моторная память» иногда называется «последовательное управление», так как один пункт автоматически запускает следующий по порядку.

«Моторная память» продолжит действовать и создавать хорошие решения даже тогда, когда стресс начинает ухудшать прием ваших чувственных впечатлений и ваши решения, основанные на знаниях, затрудняются. Автоматические решения - жизненно важная часть нашей жизни. Не только пилоты, которые психологически отбираются так, чтобы быть способными их делать, зависят от них. Просто подумайте о танцорах, гимнастах, музыканты и так далее. Профессионалы в любой области очень часто действуют на базе решений, взятых из моторной памяти.

Подумайте также о других действиях, которые вы выполняете на борту, отличных от тех, что были упомянуты выше. Подумайте о действиях/решениях, которые можно отнести к «моторной памяти», когда вы ведете машину и о том, что вы делаете дома. Когда мы продали свой дом в поселке Сигтуна и переехали в квартиру ближе к центру города, случилось несколько раз так, что я на своей машине проехал свой новый дом и должен был вернуться через некоторое время, когда я понимал, что я нахожусь на пути к дому, где мы прожили 36 лет. Испытывали ли вы ситуацию, когда вы стоите в комнате не зная, почему вы здесь находитесь? Это нормально! Допустим, находясь на кухне, вы решаете принести молоток из гаража. Теперь ваша «моторная память» руководит и ведет вас в гараж. Когда ваша «моторная память» уже выполнила свою обязанность, вы в гараже, но ваша «короткая память» забыла первоначальное решение о молотке. «Моторная память» создает только одну серьезную проблему - она никогда не забывает!

Однажды научившись ездить на велосипеде, мы можем делать это даже после очень долгого перерыва. Это звучит хорошо, но, в действительности, является большой угрозой безопасности полетов. Как это может быть? Пилот, управляющий самолетом на слишком малых скоростях, при левом развороте на прямую на заход на посадку, может выйти на критические углы атаки на левом полукрыле, так как оно имеет меньшую скорость, чем правое. «Моторная память» пилота наиболее вероятно ответит немедленно правым элероном, чтобы компенсировать неожиданный клевок влево. Это плохое решение. Левое полукрыло выйдет полностью на критический угол атаки, поскольку элерон опускается вниз, а самолет разобьется перевернувшись вверх дном. Выполненное моторное действие уже убило много пилотов в Воздушных силах, когда мы начинали летать на реактивных истребителях с чистым крылом. Здесь «долгая память» пилотов должна была быть натренирована на то, чтобы руководить процессом принятия решения.

- Ты должен дать руль направления вправо, чтобы усилить левое полукрыло удержать скорость, когда одновременно вы применяете полную мощность двигателя.

Вы можете найти другие хорошие примеры того, как «моторная память» может обманывать нас, в следующей главе по авиа происшествиям типа CFIT, связанных с ветром. У большинства вертолетов ротор вращается против часовой стрелки, если смотреть сверху. Когда пилот уменьшает мощность двигателя, вертолет разворачивает вправо. Это компенсируется пилотом, который отклоняет влево руль направления. Французские вертолеты имеют ротор, вращающийся по часовой стрелке и пилот должен компенсировать поворот рулем направления вправо. «Моторная память» может стать причиной проблем при переходе с одного типа на другой.

Все производители самолетов однажды договорились относительно общей системы установки выключателей на борт самолета. Включение – вверх, а выключение – вниз на панели приборов. Но когда тумблеры располагаются на потолке - система нарушается.

Некоторые имеют систему: включение – вперед, выключение – назад. Другие имеют противоположную систему: выключение – вперед, а включение – назад. Не так уж просто перейти с одного типа самолета на другой. Пилоты, переходящие с DC-9 на DC-80 несколько лет назад имели проблемы. При снижении на DC-9 высоту устанавливают на автопилоте, мы обычно для уменьшения скорости снижения (или набора) ставим 1000 футов на колесе вертикальной скорости.

Когда мы делали тоже самое и прикасались к колесу вертикальной скорости на MD-80 автопилот автоматически отключался, и мы имели в результате довольно много пересечений заданной высоты. Наша «моторная память» - это прибор, обеспечивающий безопасность. Чтение контрольной карты должно быть правильным. Так что, пожалуйста, не меняйте ничего в контрольной карте по мере своего продвижения и получения должностей шеф-пилота или летного шеф-инструктора. Потому что вы создаете угрозу ошибки и жизненно важные пункты могут быть пропущены. Конечно, замена типа, новая система, могут сохраняться в «долгой памяти», когда мы читаем новые инструкции, но в стрессовой ситуации «моторная память» начнет руководить и вытащит наиболее натренированные движения, которые вы, может быть, использовали год назад.

Этот самолет, Фиат CR DIS сконструированный Селестино Розалетти, был выпущен в Италии в начале Второй Мировой войны. Когда пилот переводил рычаг управления двигателем

(РУД) полностью вперед, двигатель выходил на режим малого газа, а полностью назад – на полную мощность. Много пилотов погибло. Бюрократ от департамента расследований возможно заявил бы:
- Причина данного АП была в том, что пилот не следовал инструкциям. Он умышленно убрал мощность двигателя в момент ухода на второй круг.

Когда вы будете читать главу о теории Келли, вы сможете найти другое объяснение АП.

Решение, принятое заранее

Заранее запланированное решение

Решения основанные на знаниях требуют много времени на продумывание их, значительно больше, чем решения основанные на навыках. Иногда «моторная память» может быть не подготовлена. И для того, чтобы вытащить решения из «долгой памяти» требуется масса времени, даже если она работает довольно быстро. Таким образом, мы должны полагаться на заранее запланированные решения. Что это значит? Это решения, которые вы могли принять ранее, когда уже в них возникала необходимость.

Может быть вам никогда не нужно было их раньше использовать. Но они должны быть приемлемы в нужный момент.

Вы, сидя дома, приняли такое решение, которое основано на знаниях, опыте и технологии работы.

Решения, такие как уход на второй круг, прерванный взлет и переход в режим набора после команды «НАБОР» от СРПБЗ (GPWS) должны приниматься заранее, чтобы выполняться достаточно быстро. Если вы не запрограммировали вашу «долгую память», или, даже еще лучше, «моторную память», то, переходя к немедленным действиям при приеме сигнала о приближении земли в сложных метеоусловиях, вы можете попасть в следующую западню. Ваша память осознает предупреждение, но ваша «долгая и короткая память» наиболее вероятно начнут процесс вроде этого:

- Хорошо, но ведь я лечу на предписанной высоте, и мое место соответствует схеме, согласно показанию приборов, так что это должно быть ошибочный сигнал.

Это могла быть последняя мысль в этой голове.

Следующая запись – очень драматическая реальная запись с голосового магнитофона.

СРПБЗ (GPWS) начинает сигналить в течение 17 секунд перед тем, как самолет врезается в гору. За 6 секунд до крушения командир говорит:

- Это ложный, ложный. За 2 секунды он говорит - О, мой Бог!

Часы остановились в 7.00.26, 32 июля 1992 года.

В другом смертельном АП в Мадриде, Испания на В747 СРПБЗ (GPWS) сигналило «Горы, набор!» приятным женским голосом. Ответ командира, согласно голосового магнитофона,   был: *«Хорошо, хорошо».* Несколькими секундами позже он был мертв.

Ситуационная осведомленность/Понимание ситуации

Ситуационная осведомленность – это очень важное качество и наиболее существенное, которое должен иметь пилот. Что это значит и где эта способность храниться?

Друг и коллега командир Торни Элиассон однажды дал мне хорошее определение понятия «принятие решения», которое также является хорошей базовой концепцией для ситуационной осведомленности. Всегда держите в уме:

Где я? Куда идти? Какими ресурсами располагаю?

Куда идти – где буду в следующую минуту, через час и так далее – это очень важно. Но, к сожалению, эта мысль не всегда является реальностью. Но я могу слышать, как вы говорите, что у вас есть дисплей с движущейся картой для горизонтальной навигации. Этот дисплей обеспечивает вас широкой картинкой текущей ситуации, а также ее будущим развитием. Это так, но у меня есть опыт работы с таким дисплеем-картой, который был до 20 км от центра и, следовательно, давал очень неточную информацию и вел к принятию опасных решений. Основная информация от высотомера, датчиков топлива, VOR, DME и двух несовременных NDB могут иногда сослужить хорошую службу - дать информацию более ценную, чем самые современные технологии, представленные на теледисплее.

Риск работы с новейшими системами – это то, что эти технологии дают ложное впечатление о точности.

Метафора. Легко поверить, что цифровой термометр, показывающий 22.45 градуса, больше заслуживает доверия, чем старый термометр, показывающий правильно температуру 21 градус.

Где располагается ситуационная осведомленность?

Конечно же, в мозге и находится в близкой связи с концепцией принятия решения.

Левый и правый полушарии головного мозга.

Позвольте облегчить это название до «левый и правый мозг». Эти разные половинки мозга имеют различное качество. Левый мозг, я зову его «цифровой мозг», он логический и аналитический, он заботиться о деталях в окружающей среде. Он очень разговорчивый, даже болтливый. Это типичный болтун. Он любит критиковать и, особенно, правый мозг.

Правый мозг, который я зову «аналоговый мозг», имеет особые отличительные качества. Он имеет глобальный взгляд на окружающую среду. Он имеет воображение, интуицию, эмпатию и ситуационную осведомленность. Он творческий и способен делать выводы. Цифровой мозг имеет знания. А когда к нему подсоединяется аналоговый мозг - мы становимся мудрыми.

Эдвард Де Боно пишет в своей книге «Использование горизонтального мышления», 1967, о вертикально мыслящих против горизонтально мыслящих.

Вертикально мыслящие «копают» глубже и глубже, решая свою проблему. Они, действительно, действуют логично. Согласно Ди Бодо, горизонтально мыслящие перестают «копаться» в своей проблеме, и начинают мыслить, напротив, с черпаком в своей руке. Они ходят вокруг «ямы» и пытаются найти различные углы подхода. Используя свой опыт и навыки, они могут эвистически решить проблему в момент времени, когда другие работают.

Я верю, что аналоговый мозг – носитель ситуационной осведомленности.

Разные люди имеют различную активность в половинках своего мозга. Иногда левые и правые полушарии несбалансированны и загружаются одинаковым количеством действий и характеристик. Очень часто мы можем встретить людей, с преобладающим мышлением «левого полушария» или «правого полушария». Так как ситуационная осведомленность располагается в «правом мозге», а, я бы сказал, большинство конструкторов автоматики и цифровых инженеров – это люди с «левополушарным мышлением», от из-за этого может происходить конфликт между пользователем и производителем. Принятие решения выполняется по-разному «левым» и «правым» мозгом. Это может быть объяснением следующего выражения, использованного Д.А. Норманном, 1993 г. в его сочинении «Вещи, которые делают нас умными»:

«Технология может сделать нас умными и технология может сделать нас глупыми»

Заключение.

Решения, основанные на правилах требуют значительных затрат времени для их принятия. Решения, основанные на правилах, могут быть причиной ошибок, основанных на правилах.

Решения, основанные на знаниях, могут приниматься намного быстрее, хотя для этого все же требуется немного времени. Решения, основанные на знаниях, могут быть причиной ошибок, основанных на знаниях. Мы получаем либо неверный ответ от «Долгой памяти», либо вообще не получаем ответа.

Решения, основанные на навыках, приходят немедленно или не приходят вообще. Решения, основанные на навыках, могут быть причиной ошибок, основанных на навыках. Мы принимаем хороший ответ или действие, но оно заканчивается опечаткой, ляпсусом, ошибкой или промахом.

Спинной мозг не принимает решений. **Рептильный мозг** имеет три главных варианта решений, из которых выбирает:

1.   Я должен бежать и спасаться?
2.   Я должен остаться и драться?
3.   Я должен предаться любви и спариться?

Головной мозг и его кора головного мозга могут производить миллионы решений. Пожалуйста, запомните: в пилоты отбираются те, кто способен принимать быстрые решения. Но, очень важное решение – это **не принимать решение быстрее, чем это необходимо. Всегда используйте располагаемое время**. (Рисунок на стр. 21 - «стопка книг»).

Короткая история

Свой последний полет в качестве командира перед уходом на пенсию я делал из Лондона в Стокгольм, аэропорт «Арланда». У нас была ночевка в Лондоне, и следующим утром я позвонил в диспетчерский пункт и попросил к телефону старшего диспетчера лондонского центра управления. Я слышал много треска и щелчков и понял, что они, возможно, ожидали, что на линии «воздушная тревога».

После 30 секунд он ответил, и я смог поблагодарить организацию за 34-летнюю прекрасную службу. У нас был милый разговор, и он сказал мне, как он начинал в качестве молодого диспетчера годом позже моего первого полета в Лондон. Затем я сказал, что у меня есть «последняя просьба» выполнить последний полет в Стокгольм на эшелоне 320. (В то время, 1990 год, эшелонирование выше 290 эшелона использовалось в 2000 футов, и эшелон 320 был неприемлемым). Я мог почувствовать его положительное отношение к необычной идее, но он сказал, что это невозможно.

- Могли б мы начать новую традицию?- спросил я - Командир, выполняющий свой последний полет может пролететь на эшелоне 320, и мы можем назвать этот эшелон «Эшелон полета, уходящего на пенсию командира».

- Хорошая идея – ответил он. Вы же знаете, как любят традиции англичане – Я сделаю, что смогу.

Когда я вылетал несколькими часами позже, и на эшелоне 110 сменил частоту на «Лондон-контроль», меня поприветствовали следующим очень необычным разрешением «Добро пожаловать, капитан Фалгрен, вам разрешено следовать прямо на Стокгольм, Арланда на эшелоне 320».

Они сумели договориться с зонами контроля Маастрихта, Копенгагена, Мальмо и Стокгольма и освободить эшелоны 320 и 330, чтобы позволить мне выполнить «сольный» полет, в великолепной изоляции, на эшелоне 320. Это я называю «обслуживанием» и этот, очень доброжелательный жест, все еще греет мое сердце и оставил память на всю жизнь.

Жизнерадостные и нежизнерадостные люди
Когда мы принимаем решения в стрессовой ситуации, когда все вокруг нас меняется, эти решения во многом зависят от нашего отношения. Давайте посмотрим на два разных пути того, как можно справиться с такими переменами.
Жизнерадостные (гибкие) люди (оптимисты).
Они имеют ассимиляционные ресурсы.
Они рассматривают изменения как вызов себе.
Они стараются рассматривать новую ситуацию, как интересную и волнующую.
Новая ситуация создает возможности.
Они стараются справиться с новой ситуацией наилучшим способом.
У них позитивное отношение.
У них есть решение. У них есть ответ.
Они могут выделить и сфокусировать свой творческий потенциал на наиболее важных факторах.
Они гибки.
Они могут применять формулу A+B=C.
Нежизнерадостные люди (пессимисты).
Они испытывают депрессивное состояние и имеют больше проблем, чем другие.
«Они учат свою тревогу плавать вместо того, чтобы дать ей утонуть» (Марк Твен)
Они не могут справиться с чувством ожидания неудачи.
Они всегда винят кого-то или что-то.
Они ищут «козла отпущения».
Они никогда не критикуют свое собственное отношение.
Они не могут применить формулу A+B=C.

Гордый автор книги после своего первого самостоятельного в качестве кадета шведских ВВС в 1950 году

30 лет спустя

Глава 3
Авиационные происшествия, связанные с ветром

Связанные с ветром столкновения с земной/водной поверхностью (CFIT)
или ...
Птицы не выполняют посадку с попутным ветром

Воздушное течение – ветер – вокруг самолета создает подъемную силу, которая необходима, чтобы позволить нашему самолету оставаться в воздухе. Сильный встречный ветер, во время нашего разбега, улучшает наши характеристики. Как ветер может создать проблемы?

Ответ – физиология и психология.

Воздействие ветра – это физиология, а познавательные реакции в мозгу пилота – это психология. Позвольте мне начать описание очень типичного АП с самолетом. Действительно, этот пример – самое первое реальное АП типа CFIT, которое убило так много новых и неопытных пилотов во всем мире. Один рапорт об АП я прочитал несколько лет назад. Он содержал информацию о том, что молодой пилот получил свое свидетельство частного пилота всего за три дня до того, как он погиб в данном типе АП.

Заход и посадка с попутным ветром

Сейчас я опишу другое «АП по ветру», которое сейчас и потом можно прочитать в сообщениях об АП. Этот тип АП может случиться и с профессиональными пилотами и с менее опытными пилотами. Большинство из наших заходов выполняется со встречным ветром. Составляющая ветра такова, что чуть-чуть сильнее на начальной высоте захода, на 1500/2500 футов (450/750 м), чем на полосе.

Большинство всех заходов выполняется в таких условиях. И пилот, или его автомат тяги, постепенно уменьшают тягу двигателей, едва заметно, когда он приближается к земле и встречный ветер ослабляется.

Что произойдет при заходе на посадку по приборам с попутным ветром?

В большинстве аэропортов процедура захода на посадку с попутным ветром до 10 узлов (5 м/с) допускается. Этот допуск дает ложное впечатление о том, что заход с попутным ветром не станет причиной каких-либо проблем. Но давайте проанализируем заход шаг за шагом. Предположим, что вы собираетесь совершить посадку на ВПП 01. Ветер у земли 180 градусов 3 узла (1,5 м/с). Попутная составляющая в 3 узла не должна создать проблему – или…? Но на 2000 футов (600 м) на землей ветер может быть 180 градусов 24 узла (12 м/с). Основное изменение скорости ветра, из-за орографии, обычно произойдет на высоте около 400 футов (120 м). Если самолет стабилизирован на глиссаде в полностью автоматическом заходе, то будет иметь место следующее:

1. Первоначально вы заметите значительно более высокую скорость снижения, чем в нормальных условиях.

2. Когда стабилизировали скорость, допустим на 140 узлах (270 км/час), с полностью выпущенными закрылками и выпушенным шасси, вы убрали РУДы назад, значительно ниже тяги, нужной в нормальных условиях (Ваши 24 узла (12 м/сек) попутного ветра действуют, как дополнительный двигатель, толкая вас вперед).

3. Когда вы подходите к 400 футов (120 м) и попутный ветер быстро ослабевает, индикатор воздушной скорости…- хорошо, а что вы думаете? Да, первоначально он покажет повышенную скорость, пусть 152 узла (290 км/час).

4. Ответ на эту возросшую скорость, из вашего натренированного мозга, или вашего автомата тяги, будет уменьшение тяги, чтобы вернуть скорость на значение 140 узлов   (270 км/час)

5. Несколькими секундами позже, хотя ваш самолет все еще на глиссаде, ваша скорость быстро падает. Она падает не только до 140 узлов (270 км/час), но, возможно, до 130 узлов (250 км/час). Угол атаки растет. Сила сопротивления возрастает значительно.

6. Теперь вы должны быстро увеличить тягу и можете даже довести ее до взлетного режима, чтобы восстановить желаемую скорость 140 узлов (270 км/час) и долететь до ВПП.

7. После посадки вы, наиболее вероятно, скажите: «Пуф, это был чертовский сдвиг ветра».

Совсем немного пилотов после посадки тщательно изучают, что действительно произошло. Факт состоит в том, что вы действовали абсолютно неправильно, уменьшив тягу, когда скорость выросла. Так как толкающий вас ветер – ваш «дополнительный двигатель» - остановился, вы должны УВЕЛИЧИТЬ тягу, вместо того, чтобы компенсировать скорость ее уменьшением. В противном случае вы не долетите до полосы. Пилоты научены уменьшать тягу, когда скорость начинает превышать требуемое значение. Этому учили и учили годами. Это сохраняется в вашем мозгу, в вашей «моторной памяти», которая будет действовать автоматически вроде автомата тяги. Это неправильное действие стало причиной одного или двух АП – АП типа CFIT (Controlled Flight Into Terrain – контролируемый полет к земной поверхности) – каждый год. Большинство АП, когда полностью исправный самолет и экипаж врезается в землю до того, как достигнет ВПП, но в непосредственной близости от нее, я бы сказал, происходит по причине воздействия попутного ветра. Если бы я отслеживал АП, которое случилось в Скандинавии или еще где-то, с самолетами, действовавшими или принадлежащими авиалиниям Скандинавии, я мог бы заметить, что около 80% из всех АП случилось при попутном ветре.

1. Самолет «Метрополитен» местных воздушных линий разбился до ВПП аэропорта Ангелхольм, Швеция, в 1964 году.

Попутный ветер 22 узла (11 м/сек) на 1000 футов (300 м). Ночной заход на посадку без глиссады.

2. DC-8 врезался в воду при заходе в Лос-Анжелесе в январе 1969 года. Изменение попутного ветра на встречный.

3. Фоккер-28 разбился невдалеке аэропорта Осло, Норвегия, в декабре 1972 года при заходе с попутным ветром.

4. Заход с попутным ветром в аэропорту Мадрида В-747, принадлежащий SAS и в лизинге Авианкой, закончил крушением в ноябре 1983 года.

5. В 1986 году DC-9 имел серьезный инцидент, почти катастрофу, после захода с попутным ветром в аэропорту Алборг, Дания.

6. Имея попутную составляющую 26 узлов (13 м/с) на высоте 1500 футов (450 м) разбился DC-10 в аэропорту Кеннеди, США, февраль 1984 года.

7. В августе 1989 года Бич-99 разбился, не долетев до ВПП в аэропорту Оскаршан, Швеция. Они имели попутный ветер, меняющийся на боковой. Конечно попутный ветер не единственная причина для таких АП, но это определенно серьезный дополнительный фактор.

Как контрмера некоторые автоматы тяги нового поколения сейчас были модифицированы, чтобы увеличивать тягу вместо того, чтобы уменьшать ее. Они получают информацию не только от датчиков воздушной скорости, но также от датчиков путевой скорости. Так как путевая скорость уменьшиться при уменьшении попутного ветра, этот автомат тяги скомпенсирует это увеличением тяги и отменяет рост воздушной скорости. Это как раз то, чему пилоты должны быть натренированы. Именно увеличивать скорость, когда скорость возрастает.

Воздушная скорость заставляет ваш самолет лететь
Путевая скорость несет ваш самолет к полосе.

Но что происходит при визуальном заходе на посадку без автопилота и системы ILS?

1. Вы заметите значительное увеличение скорости снижения, чем обычно.

2. Когда ВС стабилизирован по скорости, вы уменьшили режим работы двигателей намного меньше обычного.

3. При подходе к 400 футов (120 м) и попутный ветер быстро стихает, что произойдет? Ладно, если вы закрепились на угле захода на посадку, воздушная скорость будет временно расти. Но, наиболее вероятно, вы получите высокий подход и сохраните воздушную скорость.

4. Ответом на возросший подъем (или воздушную скорость) будет дальнейшее снижение режима двигателей и начинается «нырок», чтобы вернуть желаемую скорость и угол захода на посадку.

5. Несколькими секундами позже, когда ваш самолет возвращается на желаемый угол глиссады, ваша воздушная скорость быстро падает. Угол атаки растет. Сила сопротивления возрастает значительно.

6. Теперь вы вынуждены сильно увеличить мощность двигателей (вы можете даже закончить взлетным режимом), чтобы восстановить вашу желаемую воздушную скорость.

Пробег после посадки в большинстве случаев будет очень коротким. Но, если вы приближаетесь к концу ВПП, на полной мощности двигателей и с ускорением, вы также можете закончить в канаве в конце очень короткого пробега.

Что нужно делать, чтобы избежать такого вида авиационные происшествия

1. Избегать посадки с попутным ветром. Запрашивать другую ВПП.

2. Не предпринимать начальный заход на высоте ниже 2500 футов (750 м) Более длинный заход даст вам больше времени для подготовки.

3. Быть готовым пересилить свой автомат тяги.

4. Научить свой мозг отвечать увеличением тяги на рост скорости.

5. Если вы вынуждены произвести посадку с попутным ветром, запросите у диспетчера фактический ветер на 2500 футов (750 м). Теперь вы подготовлены.

Хороший пример того, как эффект такого запроса может послужить – мой заход в аэропорту Копенгаген, Дания.

Мне было разрешено выполнить заход на посадку на ВПП 04 левая. Фактический ветер был попутный ветер 6 узлов (3 м/с). Следующие переговоры имели место. SK401 к вышке:

- Прошу фактический ветер на 2500 футов. – Ждите - Жду.

(Десять секунд позднее)

- SK401, мы сейчас меняем посадочный на ВПП 22 левая. Разворот влево на курс 020. Набирайте 2500 футов и связь с «Подходом».

Проблема в том, что посадки с попутным ветром будут более и более частыми. От того, что это большая проблема для диспетчера аэропорта изменить посадочный курс при сильном воздушном движении в управляемой им зоне. Если ветер меняется, посадки скорее всего продолжаться, пока предел в 10 узлов (5 м/с) не превышается и изменение не станет актуальным.

Во время АП с DC-10 в аэропорту Кеннеди, упомянутом выше, мне было сказано, что они умышленно использовали ВПП с попутным ветром, потому что они уже использовали полосу с противоположным курсом днем ранее.

А шум должен был быть равномерно распределенным из-за требования уменьшения шума.

Это я рассматриваю как типичное непрофессиональное решение. И мы должны никогда не забывать, что процедуры уменьшения шума находятся, и всегда были, в конфликте с безопасностью полетов. Пилоты, которые не летали до 1959 года, когда первые процедуры уменьшения шума были внедрены на ВС Каравелла, никогда не заметили б разницы.

Итак, имеется два типа АП, связанных с попутным ветром:

1. Столкновение с земной поверхностью до ВПП по причине уменьшения тяги двигателей на малой высоте при стабилизированном заходе на посадку.

2. Выкатывание за пределы ВПП из-за высокой скорости и влажной поверхности ВПП

Несколько примеров АП связанных с заходами на посадку с попутным ветром, отмеченных мной. Конечно, их значительно больше.

Caravelle 19.01.1960, Convair 440 20.11.1964, Fokker F-28 23.12.1972, Airbus A 300 18.12.1983, DC9 21.02.1986, Airbus 320 14.02.1990, Boeing 767 06.04.1993, Airbus 320 14.09.1993, Bae 146 2.01.1994, SAAB 340 01.02.1994, Boeing 757 20.12.1995, Bae 146 22.07.1998, Boeing 737 05.03.2000, SAAB 340 21.03, 2000 Bae 146 22.02.2002, Airbus A 310 31.06.2002, Avro RJ.100 08.01.2003, Citation Jet 15.05.2005, Airbus 02.08. 2005, Bae 146 14.11.2005, Airbus 09.07.2006, Bae 146 10.10.2006, Airbus 09.11.2007, Boeing 737 28.10.2007.

Проблема с Airbus состоит в том, что невозможно вручную выпустить спойлеры (воздушные тормоза).

На мокрой ВПП колеса крутиться не будут и автоспойлеры не будут выпускаться.

Airbus Канада, 2006, Иркутск, 2006, Сан-Пауло, 2007

Типичное мнение комиссии по расследованию АП следующее:

Вероятная причина: «Авиационное происшествие произошло по причине непреднамеренного снижения ниже минимально разрешенной высоты полета на предпосадочной прямой при заходе на посадку. Причина для такого снижения не могла быть установлена из-за нехватки веских доказательств.

АП, связанные с заходом на посадку с попутным ветром в 2008 году:

02.01 - выкатывание за пределы ВПП
23.01 - недолет до ВПП
07.02 - недолет до ВПП
08.02 - выкатывание за пределы ВПП
13.02 - выкатывание за пределы ВПП
22.02 - выкатывание за пределы ВПП
19.03 - выкатывание за пределы ВПП
01.05 - выкатывание за пределы ВПП
30.05 - выкатывание за пределы ВПП
10.06 - недолет до ВПП
06.07 - недолет до ВПП
30.07 - выкатывание за пределы ВПП
31.07 - выкатывание за пределы ВПП
13.08 - недолет до ВПП
27.08 - выкатывание за пределы ВПП
13.09 - недолет до ВПП
06.11 – недолетдо ВПП   **Это составляет**
12% от всех АП за 2008 год

Теперь, я вы в силах проблему

надеюсь, увидеть

Другая проблема с заходом с попутным ветром

Как говорилось ранее, большинство наших заходов выполняется со встречным ветром. Встречный ветер, который постепенно уменьшается по приближению к земле. Все эти заходы создадут подсознательный «хронометраж», который делает возможным выполнение безопасных заходов на посадку по несколько раз в день в предельно плохих погодных условиях и без какого-либо чрезмерного стресса. Этот подсознательный или инстинктивный «хронометраж» очень важен. Я называю это **Внутренний Хронометраж**. Этот внутренний хронометраж быстро включается на короткий период времени на финальной стадии захода на посадку. Мы автоматически начинаем этот внутренний хронометраж, а также внутренняя связь синхронизируется с этим хронометражем. Мы выполняем множество команд на определенных интервалах времени. На специально установленных этапах мы выбираем положение закрылков, выбираем и контролируем выпуск шасси. Мы контролируем ВПР, высоту пролета внешнего маркера. Мы оцениваем торможение по отношению к боковому ветру. Мы контролируем скорость и скорость падения на определенных интервалах. Мы, так сказать, живем в гармонии с реальными условиями и, следовательно, способны на принятие озвученных решений даже, что может рассматриваться как во враждебных погодных условиях и высокой степени стресса.

Наш МДУ-компьютер (компьютер Между Двух Ушей) вырабатывает хорошие решения, основанные на Правилах, Знаниях и Навыках. При хорошо натренированных и правильно ожидаемых условиях эти три системы работают идеально вместе.

Попутный ветер

Теперь позвольте взглянуть на эту проблему при заходе на посадку с попутным ветром. Пилоты бессознательно начинают свой внутренний хронометраж и, как обычно, ведут связь. Все кажется нормально. Но постепенно экипаж ощутит, что что-то неправильно. Что вызывает эти ощущения? Хорошо, профессиональный пилот, как и профессиональный музыкант, имеет ритм в своем теле производимый множеством тренировок и опытом. Этот ритм производиться внутренним хронометражем, который управляет его «моторной памятью».

Неправильный ритм не принесет оркестру каких-либо аплодисментов и искаженный ритм в работе экипажа серьезно будет воздействовать на профессионализм пилота. Итак, причина, которая касается их при заходе с попутным ветром – это то, что их внутренний хронометраж и общение не соответствует актуальным требованиям так как, при этом специфическом типе захода, 25-30% времени, обычно необходимых, просто теряются бессознательно. Деформированный «активный круг» может быть причиной расстройства познавательного процесса и даже его остановки, в зависимости от степени уровня стресса, который развился. Этот ненужный стресс толкает пилота выше и выше по его кривой стресса. Неправильное действие по дальнейшему уменьшению мощности, когда скорость растет до 152 узлов (290 км/ч), может, из-за стресса, реализоваться в уменьшении его умственных характеристик.

Сначала - туннельное зрение, а затем заблокированное восприятие предупреждающих сигналов или вызовов и наконец уменьшенное или заблокированное восприятие от всех пяти органов чувств может произойти. Важно помнить, что если стресс пилота и уровень возбуждения растут слишком сильно, его способность принимать решения также резко ухудшается. Не только его способность принимать правильные решения, типа «уходим на второй круг» или ручное устранение неполадки ухудшается, но также его ситуационная информированность становиться более или менее заблокированной. Это может даже развиться в конфликт между его собственным МДУ-компьютером и FMS. Нарушение в системе «экипажа – автоматика» отмечалась во многих АП.

Как было сказано ранее, наше восприятие сигналов от пяти органов чувств постепенно уменьшается. Вызовы и даже сигнал «Тяни вверх» от СРПБЗ (система раннего предупреждения приближения земли) могут быть не услышаны. В очень стрессовой ситуации, когда требуются повышенные характеристики, наши защитные механизмы, в редких случаях, могут внезапно возникать и вызывать отрицание катастрофической ситуации.

В июле 1992 года А310 заходил на посадку в аэропорту Катманду, Непал. Стандартный профиль захода на посадку был круче, чем нормальный, к этому можно добавить еще то, что его сопровождал сильный попутный ветер. Итак, с точки зрения физики, А310 имел слишкоммного энергии, толкающей самолет вперед.

Возникает техническая проблема и экипаж отменяет заход на посадку. Это было хорошее решение, но траектория полета показывает умственное нарушение. Несколькими минутами позже голосовой магнитофон, который записал связь между КВС и вторым пилотом, ясно показывает реальную проблему в системе «экипаж-автопилот» в кабине экипажа, а вскоре и отрицание фактов. СРПБЗ начало звучать за 17 секунд до столкновения с горой. Это предупреждение не запустило действие.

Другое хорошо известное АП – это «Крушение в Кали» 20 декабря 1995 года, когда В757 заходил на посадку в Кали, Колумбия. Чтобы сократить время захода на посадку КВС решил поменять ВПП 01 с встречным ветром на заход на ВПП 19 с попутным ветром. Стресс возрос до такого уровня, что резко снизилась способность к принятию решения и правильная оценка ситуации была утеряна.

Другой эффект

При заходе на посадку с попутным ветром также следует держать в памяти, что впереди идущий самолет может быть все еще на ВПП ко времени вашей посадки.

Ситуация ухода на второй круг может значительно легче возникнуть при заходе с попутным ветром, чем со встречным, что конечно увеличивает уровень стресса.

При заходе с попутным ветром – почти во всех заходах – это вопрос:

1. Физиологии – Тяга, сила сопротивления, подъемная сила, ветер и крутизна глиссады.

2. Психологии - Стресс, защитный механизм и познавательный диссонанс.

Сильный попутный ветер приводит к сдвигу ветра после отрыва.

Вы наиболее вероятно натренированы на воздействие попутного ветра на тренажере.   А некоторые разбились в реальной жизни. Сегодня актуальным вопросом являются:

Физиология – это баталия между тягой, энергией и подъемной силой против силы сопротивления, ветра и силы притяжения.

И **психология** – знания и навыки. Стресс и познавательная/информационная уверенность в вашем самолете.

Реальный случай

После отрыва. Шасси убираются и на 100 футах (30 м) срабатывает СРПБЗ. Теперь нет времени на принятие решения. То, что вы должны делать, должно быть решено заблаговременно, раньше. Входящие сигналы должны абсолютно немедленно начать отсчет действий из вашей «моторной памяти» (ваша «Долгая память» занимает слишком много времени на ответ)

МАКСИМАЛЬНАЯ МОЩНОСТЬ и подъем носа ВС до тех пор пока не заработает вибрация штурвала – это то, чему, вероятно, вас обучили. Это вполне верно, но, как инструктор на тренажере, я ясно замечал, что пилот, ожидая тряски штурвала, значительно более внимателен, когда нос ВС поднимается. Он не знает, когда ожидать предупреждение о вибрации штурвала. И это заставляет его быть слишком внимательным, при выполнении маневра. Мой совет – дать максимальную мощность двигателей насколько возможно быстро, повернуть положение носа ВС вверх до 30 градусов. При приближении к 30 градусам вибратор штурвала начнет работать и вы сохраняете его там. Что в действительности произошло?

Сильный попутный ветер неожиданно уменьшил вашу подъемную силу. Это должно компенсироваться немедленно, иначе вы можете закончить также, как это бывает в докладах о других АП. Чтобы компенсировать эту атаку, нужна вся имеющаяся энергия.

Какая энергия имеется?

1. Если вы на 100 футах (30 м), когда это происходит, вы имеете 100 футов (30 м) потенциальной энергии.

2. Вы имеете много кинетической энергии, которая может быть трансформирована в потенциальную энергию.

Сильное вращение с уменьшением скорости от V2 (1,23 х скорость сваливания)+10 = 160 узлов (310 км/ч) до скорости тряски/вибрации штурвала (1,1 х скорость сваливания) = 134 узла (255 км/ч) даст вам 26 узлов (50 км/ч), чтобы трансформировать их в высоту. Вы получите (рассчитано для DC-9) что-то около 350 футов (100 м). Если это выполняется правильно, то теперь у вас есть 450 футов (130 м), которые вы можете провести до вашего крушения.

3. Моторная энергия – вы реальный источник силы – позвольте сказать, что ваши двигатели толкают вас вперед с силой 20000 кг. С носом поднятом на 30 градусов ваш градиент подъемной силы улучшиться на 50% от имеющейся силы.

В этом случае сила притяжения, которая старается вас опустить, борется в обратном направлении с силой 10000 кг вверх на подъем от ваших двигателей. (Некоторые истребители могут даже набирать вертикально, оставаясь на этой реактивной силе).

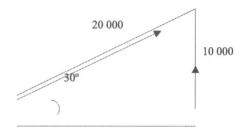

В результате ваша нагрузка на крыло уменьшится на 10 тонн! Можно я дам вам один совет? В следующий раз, когда вы будете на тренажере, попросите инструктора дать вам возможность выполнить это восстановительное действие БЕЗ какого-либо сдвига ветра. Начните на 100 футах (30 м) и выполните это в полной видимости. Вы будете удивлены эффектом и ваш набор будет около 5000 – 6000 футов в минуту (25-30 м/с) После этого маневра ваше доверие к вашему самолету, вероятно, сильно увеличится. И если вы встретите такие условия при реальном рейсовом взлете, вы будете действовать с меньшим стрессом, зная, что вы «оседлали ракету».

Сильные ветры при крейсерском полете и на стандартных разворотах

Все пилоты знают, что барометрический высотомер не показывает высоту, а только давление.

Тем не менее, после многих лет, проведенных в качестве пилота, легко попасть в ловушку и рассматривать это индикатор высоты. И это даст вам ложное ощущение безопасности. Большинство пилотов знает, что индицируемая высота по барометрическому индикатору должна быть скорректирована при крейсерском полете в зонах сильного ветра и поправка до 2000 футов (600 м) должна быть сделана. Много лет назад, когда мы летали на DC-3, DC-4, DC-6 и похожих самолетах, мы должны были думать о поправке в каждом полете, но сейчас, в реактивный век, эта коррекция очень и очень редко используется так как мы летаем намного выше и на практике используется только на тренажере после ухода на второй круг и уходе на запасной с одним неработающим двигателем. Что очень часто забывается, а, следовательно, иногда реализуется в АП, это то, что нужно добавлять поправку, находясь в зоне захода на посадку над горной поверхностью, даже если сделана правильная установка QNH. Много так называемых «фальшивых» предупреждений сближения с землей – по причине эффекта этого низкого давления из-за ветра.

Официальный запас в 1000 футов (300 м), при полете на высоте показанной на карте захода на посадку, легко уменьшается на 50% или более. И «ложное» предупреждение вообще не является ложным. Когда я летал на моем DC-9 и MD-80 в Северной Норвегии с высокими горами и фьордами, заставляющими уровни давления сильно варьировать в условиях наличия ветра, я всегда добавлял еще 1000 футов (300 м) при выполнении стандартных разворотов и при полете в зоне ожидания. И когда меня векторили, я просил заход на посадку на 1000 футов (300 м) выше на первоначальном этапе. FMS, установленная на стандартный заход на посадку, ничего не знает о поправке на ветер.

Вы должны сказать системе FMS об этом.

Чтобы лететь высоко и медленно – закрылки на 15° – это отлично – это лучший способ увеличить ваш запас при приборном полете и сильном ветре.

Наилучший безопасный запас, который вы можете получить, это летать на старых PANSOPS скоростях в новых PANSOPS зонах и добавлять еще 1000 футов (300 м).

Сделать стандартный разворот или круг ожидания на новых PANSOPS скоростях и боковым ветром 90 узлов (45 м/с), может перенести вас близко к вершинам гор. Зона, распечатанная на тренажере, когда вы ее отлетали, не выглядит вообще как изысканная картинка, которую вы имеете на своей карте захода. Полет над горами на новых PANSOPS скоростях в старых PANSOPS зонах без СРПБЗ или не применяя соответствующего действия, когда она срабатывает, крайне опасно. Я никогда не забуду, когда я сделал стандартный разворот штормовой ночью в аэропорту Киркинес, Норвегия и шел 1 минуту на участке удаления и 6 минут на участке приближения. Я, возможно, пролетел над территорией России, но в ту штормовую зимнюю ночь их локатор, наверное, не работал?

С того дня я был очень осторожным со своей скоростью и часто использовал закрылки на 15° и автомат тяги (что давало мне старую PANSOPS скорость в 160 узлов/ 310км/ч), чтобы дать мне больше энергии сконцентрироваться на контроле моего места в зоне захода на посадку.

Было бы очень интересно замерить уровень стресса летного экипажа, летящего на скорости 240 узлов (470 км/ч) на минимально разрешенной высоте, имея 10 см льда на лобовом стекле и, после всего, еще получить кричащую команду «Горы! Тяни вверх!» системы СРПБЗ с сильным чувством, что это ложное предупреждение и, следовательно, не принимая никаких действий. Сильный ветер может стать причиной высокого уровня стресса и даже АП. Некоторые авиакомпании (а их очень немного, и большинство из них в северной Европе), имеют в своих технологиях обязательную корректировку на сильный ветер и низкую температуру до 2000 футов (600 м) при заходах над горной поверхностью.

Автор книги будучи молодым кадетом,
готовый к тренировочному полету на самолете De Havilland
VAMPIRE
королевских шведских ВВС в 1951 году.
Графический рисунок кадета Макса Акерблюма

Глава четвертая

«САМОДОВОЛЬСТВО» - ПРОБЛЕМА УПРАВЛЕНИЯ

САМОДОВОЛЬСТВО в терминах управления ресурсами экипажа.
Эта глава объясняет «самодовольство», как постепенное изменение в отношениях возникающих при плохом лидерстве или управлении. Это плохое лидерство или управление может быть и внутренним, и внешним в человеке. Это также даст ответ на вопрос:
- Как можно избежать Самодовольства?
Самодовольство, о котором мы сейчас говорим – это для безопасности полетов проблема человеческого фактора огромной важности. Итак, чтобы полностью понять, о чем это все, я сейчас предлагаю четыре различных вариации «самодовольства», проявления которых особенно опасны в кабине экипажа, на месте командир, в АДП или ЦУП и в нашей социальной жизни.

САМОДОВОЛЬСТВО
Позвольте мне начать с этой актуальной информации, взятой из доклада об АП.
СРПБЗ начинает звучать за 17 секунд до столкновения ВС с горой.
За 6 секунд до крушения КВС говорит:
- Ложное срабатывание, ложное-
За 2 секунды, он говорит:
- О, Боже!
Я процитировал это из документа по анализу катастрофы типа CFIT.
В похожем сценарии предупреждение системы СРПБЗ, может быть, не было зарегистрировано экипажем. Они летали на этот аэродром сотни раз, но из-за самодовольства их мозги могут реально не воспринимать голосовые и визуальные предупреждения.
Мой комментарий:
Это не самодовольство, но это хороший пример того, как совершенно неправильно люди могут переводить значение слова «самодовольство». Причина, почему пилоты не могли регистрировать голосовую информацию – это не самодовольство. Обычно это из-за очень высокой степени стресса или может быть, в некоторых случаях, по причине защитного механизма наподобие

«отрицания». Это может также зависеть от недостаточной тренировки.

Слово «самодовольство» употреблялось в авиационной индустрии с, примерно, 1960-1970 годов, как причина АП и инцидентов. Всем пилотам говорится о том, что надо избегать самодовольства, но никому не говорится о том, что это и как избегать этого.

Конечно, вы знаете, что это и что это значит, но в плане моего исследования, опросив более, чем 1000 пилотов по всему миру понятно, что слово «самодовольство» имеет разные значения для разных людей. И это, все вышесказанное, нежелательно в нашей индустрии. Важные слова при важном общении должны быть определены и четко понимаемы. В результате, это наблюдение дало понимание того, что некоторые имеют только смутное понимания его значения и не способны описать его в словах. В итоге мы имеем:

Разное
(10.9)..................................

Недостаток
знаний/тренированности
(2.6)

Недостаточная концентрация
(2.6)..................................

Недостаточное понимание
(2.6)

Недостаточная мотивация
(4.3)..................................

Вера в экипаж
(4.4.)..................................

Вера в установленные процедуры
(4.4.)
Слишком большой опыт (4.5.)..................................
Низкие личные стандарты/недисциплинированность (5.2)..
Успокоенность (6)..................................
Усталость (8)
Вера в технологию (8)
Отсутствие сомнений (11.2)..................................
Самоуверенность (12.2)..................................
Низкий уровень заинтересованности (13.1)..................................

То, что я стараюсь найти – это влияние, которое самодовольство производит на безопасность полетов (БП) и условия, при которых оно начинает развиваться

Следовательно, моей первой задачей было - найти хорошее определение для слова САМОДОВОЛЬСТВО, когда оно используется в связи с АП и инцидентами и когда оно используется в связи с Человеческим фактором и при обучении управлению ресурсами экипажа. Далее, слово самодовольство означает намного больше, чем просто самоудовлетворенность, сверх доверие или общая небрежность и неаккуратность. Для меня это выход человеческого фактора, имеющего огромную важность не только для безопасности на земле, на воде или в воздухе, но также для человеческого благосостояния.

Я рассматриваю это, как психологический процесс, где отношения постепенно меняются от хорошего летного мастерства до плохого. Это изменение отношения до самодовольства ведет к комфортабельному ощущению и ложному чувству неуязвимости и благополучия. Я бы объяснил это, как постепенное изменение в отношении по причине плохого лидерства или управления, чужого и/или вашего собственного лидерства.

Это в действительности проблема общения. И это может исходить и из внешнего и из внутреннего общения. Самодовольство начинается, как бессознательная реакция на плохое общение или неприятную окружающую среду. Затем поведение меняется и, наконец, отношение человека полностью изменяется. Когда процесс заканчивается, человек впадает в состояние, когда он **бессознательно не использует доступные познания и ресурсы.**

Это мое определение этого слова. И, следовательно, **Самодовольство – это настоящая противоположность Управлению ресурсами экипажа.** Я смог достичь этого заключения на основании трех важнейших утверждений. Первое, это то, что ни один пилот не начинает свою карьеру или принимается на работу в авиакомпанию, если он страдает от самодовольства с самого начала. Вновь назначенный пилот – это позитивный, заинтересованный и приверженный своему новому назначению специалист. Но, очевидно самодовольство может возникать после нескольких лет работы.

Вопрос: Что происходит и почему?

Второе, это то, что самодовольство – бессознательное поведение по причине изменения в отношении. Так как это неосознанно, самодовольный пилот не осознает свое опасное положение и как его исправить. И затем, конечно, бесполезно говорить ему прекратить демонстрацию самодовольства. Мы должны не забывать, что чтобы влиять на отношение, требуется намного больше, чем просто говорить кому-то что-то изменить.

Наконец, самодовольство вызывается окружающей средой, в которой вы вынуждены жить, окружающей средой, которую мы выбираем для жизни, или окружающей средой, которая создается нами самими. Я хотел бы объяснить самодовольство, как умственное состояние, когда пилот действует, не осознавая действительной угрозы или недостатков. Он имеет способности, ресурсы и знания, чтобы действовать компетентно, но, по тем или иным причинам, эта способность не активируется. Он, так сказать, «отпустил свою охрану, не зная об этом», как профессор Эрл Л. Уейнер, Университет Майами, объясняет это.

Самодовольство может поразить любого человека на любой должности, где человек чувствует свое уменье, знания и опыт, и это называется вопросом превосходства. И в результате, наиболее вероятно, будет меняться отношение по причине постепенного ухудшения творческого процесса. Когда мы говорим об отношении, нам следует помнить, что отношение содержит три важных элемента.

1. наши **чувства** к объекту – скрытые от общественности;
2. наши **знания** объекта – также скрыты от общественности;
3. наше **поведение** – здесь наше отношение становиться публичным (т.е. открытым общественности).

Отношение может быть и сбалансированным (искренним, твердым, стабильным) и несбалансированным (ложным, нестабильным). Помните, что сбалансированное отношение – это искреннее отношение, которое может быть и хорошим, и плохим. Мы все знаем людей с хорошо сбалансированным и твердым отношением, которые нам нравятся. Мы также знаем людей, которые нам не нравятся, потому что они имеют сбалансированное отношения, которое мы не можем принять.

Обычно наше поведение – это результат наших чувств и наших знаний. Тогда мы говорим, что есть баланс в отношении, наше отношение искреннее и твердое. Но иногда наше поведение не связано с нашими чувствами и знаниями. Тогда мы получаем несбалансированное отношение. Эта несбалансированная (ложная и нестабильная) ситуация может возникать, например, когда мы вынуждены вести – или чувствуем обязанными вести себя – наоборот нашим знаниям и чувствам. Вынуждены, например, под давлением большинства или доминирующего, авторитарного лидера или когда мы очень хотим угодить команде или человеку и от того действуем в разрез с нашими знаниями и чувствами. Мы ведем себя против наших убеждений. Кстати, слово «please» (угодить) происходит от латинских слов «complaceo» и «complacere», которые означают соответствтенно «угодливость» и «самодовольство». Слова «угодливость» и «самодовольство» по произношению очень близко связаны (на латинском языке), но они также близко связанны психологически (!). Поведение вызванное несбалансированным отношением мы называем «угодливость», так как наше поведение не соответствует нашим знаниям и чувствам. «Угодливость» в этом отношении означает, что личность вынуждена или чувствует себя обязанной подчиняться. Она вынуждена так поступать, например, из-за авторитарного лидера, команды или по закону. А промежуточное действие от хорошего и приемлемого поведения до самодовольства всегда включает в себя некоторый элемент угодливости.

Несколько примеров угодливости

Я полагаю, что большинство из вас, как и я сам, иногда ведёт машину быстрее, чем позволяет установленное для данного участка дороги ограничение. Мы ведем себя так в соответствии с нашими знаниями:

- Я хороший водитель
- Моя машина очень надежная

И нашими чувствами:

- Ничего не может произойти на этой дороге
- Ограничение по скорости здесь ненужно или даже глупо

Ваше поведение очень сбалансировано. Но вдруг вы видите машину автоинспекции и вы отлично знаете, что вы сделаете. Вы сбросите скорость, чтобы угодить!

Вы ведете себя в разрез своим знаниям и чувствам, которые, возможно, все еще те же, что и 10 минут назад. Это и есть угодливость правилам, потому что вы не хотите платить штраф автоинспектору. Это типичный пример положительной угодливости. Политики очень часто действуют с позиций угодливости. Они голосуют в разрез своим знаниям и чувствам, потому что они вынуждены быть верными своей партии. С годами эта угодливость превращается в самодовольство так как они, бессознательно, изменили отношение. Их чувства и знания теперь полностью соответствуют партии. Они, так сказать, «убили» свои предыдущие знания, опыт и чувства. Изменение их отношения завершено. Единственная женщина, член рабочей группы директоров, легко адаптируется к мужскому отношению.

В 1986 году с DC-9 произошел серьезный инцидент, почти катастрофа, после захода с попутным ветром в аэропорту Алборг, Дания.

Это был заход с очень сильным попутным ветром и закончился неконтролируемой посадкой и деформацией концовки крыла. Этот инцидент, конечно, привел к расследованию, при котором новенький второй пилот экипажа заявил:

- Я знал, что командир не пилотирует ВС в соответствии с установленной технологией и у меня было очень сильное чувство, что то, что он делал не безопасно. Но я не осмелился сказать ему об этом.

Это типичный пример негативной угодливости. Да, угодливость может быть либо положительной, либо отрицательной.

Она положительна, когда человек вынужден выполнять правильные действия против своих убеждений. А отрицательна, когда человек вынужден делать неправильные действия против своей воли. Бюрократы и доминирующие лидеры рассматривают «угодливость» как положительное качество. Люди делают так, как им сказано делать. Но, следовать правилам по убеждению, конечно, намного лучше.

Позвольте мне также привести повседневный пример самодовольства

Если вы пересекаете улицу на красный свет, но посмотрели по сторонам перед тем как идти, это не самодовольство. Вы, может быть, нарушаете закон или какое-то правило, но вы не самодовольны, потому что понимаете вопросы безопасности и используете эти знания конструктивно, когда смотрите по сторонам. С другой стороны, когда вы пересекаете улицу в спешке на зеленый свет, но не смотрите по сторонам до того, как перебежать, вот это самодовольство. Потому что вы, конечно, понимаете опасность быть убитым невнимательным водителем, но вы не активируете это знание в данной специфической ситуации. Это не означает, что вы страдаете от общего самодовольства, но я бы сказал, что вы страдаете от «дорожного» самодовольства и это может быть смертельно! Это показывает, что существуют разные типы самодовольства. Само слово «самодовольство» - это просто слово, показывающее общее состояние. Самодовольство, о котором мы сейчас говорим – это проявление человеческого фактора, очень важного с точки зрения обеспечения безопасности полетов. Итак, чтобы полностью понять то, о чем мы говорим, я предложу четыре варианта самодовольства, которые особенно опасны в кабине экипажа, на месте командира, в комнате предполетной подготовки или АДП, а также в нашей социальной жизни.

1. Технологическое самодовольство
2. Лидерское самодовольство
3. Управленческое самодовольство
4. Самопривнесенное самодовольство

Технологическое самодовольство

Очень легко, в нашем высоко технологичном мире, впасть в «технологическое» самодовольство. Преимущества, реализованные в современных технологиях заставляют нас находиться в позиции растущей зависимости. Мы постепенно начинаем чувствовать, что технические системы заботятся о всех проблемах на борту. Знания и ощущения того, что технические системы в силах влиять на нас, проникают дальше и дальше в наше сознание. Таким образом, технологии могут влиять на нас так, что мы вынуждены изменить свое поведение и теперь мы можем говорить об угодливости, некритичной угодливости, технологиям.

Эта угодливость может привести к самодовольству. И таким путем активные знания и навыки остаются в стороне от этой зависимости. Угодливость технологиям может привести к технологическому самодовольству.

Несколько примеров технологического самодовольства

1. Капитан «Титаника», возможно, чувствовал, что вынужден вести себя так, будто его корабль непотопляемый. Несмотря на свое знание потенциально катастрофической ситуации с айсбергами в этой зоне, он выбрал маршрут на максимальной скорости в опасных водах. Он чувствовал, что вынужден довериться технологиям и вести себя в разрез со своими знаниями и опытом.

2. Самодовольные брокеры фондовой биржи на Уолл Стрит доверялись технологиям до такой степени, что они позволяли управлять своими покупками и продажами только компьютеру без самостоятельного ввода данных, что в результате привело к краху в октябре 1987 года. Теперь они узнали предел самодовольству.

3. Технически самодовольный пилот может установить автопилот выдерживать 2000 футов. Потом, когда самолет случайно начнет снижаться из-за отказа в системе автопилота и скорость начнет

расти, его единственная реакция – уменьшить тягу и пилот, в конце концов, заканчивает на кладбище.

4. Давайте рассмотрим АП в Стокгольме, в декабре 1991 года, с MD-80, который разбился при посадке на лес, севернее международного аэропорта Арланда, при отказе обоих двигателей. Все пилоты осознают факт того, что тяга любого двигателя должна быть уменьшена (авто, самолетный, газонокосилки), если он начинает стучать. В данном случае двигатель справа громко заглох из-за поломки по причине попадания льда с правого полукрыла.

Пилоты не отключили автомат тяги, а доверились технологиям, то есть они были уверены, что автомат тяги, как они были проинструктированы, позаботиться о проблеме. Но нет! Автомат тяги, к сожалению, не был запрограммирован на данный тип инцидента и вместо того, чтобы увеличить тягу на левом двигателе, отключил его от автомата тяги по причине повреждения правого двигателя кусками льда, сорванного с крыла.

5. Пилот, управляющий велосипедом знает, что он должен увеличить давление на педали, если он теряет попутный ветер, но все еще хочет достичь конечного пункта вовремя. Он также знает, что индикатор скорости на самолете (который в действительности показывает давление, а не скорость), выдаст более высокое значение при встречным ветром при сдвиге ветра, и что встречный ветер, сравнивая с попутным ветром, требует большей тяги для того, чтобы оставаться в стабилизированном состоянии при заходе на посадку. Значит, если пилот всегда слепо уменьшает тягу при возрастании скорости – это технологическое самодовольство, потому что при заходе с попутным ветром, когда попутный ветер ближе к земле исчезает или уменьшается, он должен увеличить тягу, когда скорость растет. В противном случае он не достигнет ВПП. Теперь мы можем найти причину для АП типа CFIT при заходе на посадку - это натренированная «моторная память», которая всегда уменьшает тягу, когда скорость превышает установленное значение.

6. Большинство пилотов знают, что барический высотомер показывает давление, а не высоту. Мы также знаем, что сильные ветра над горами являются причиной понижения давления.

Предельные высоты, представленные на картах захода на посадку, дают запас в 1000 футов (300 м) над горами. Пилот, выполняющий полет в горной местности при сильном ветре в этом случае будет иметь сильно заниженный запас по высоте, если из-за технологического самодовольства он не скорректирует высотуы, представленные на его картах захода на посадку. Он потерял запас не знания этого. Множество АП и предупреждений по системе СРПБЗ (система раннего предупреждения близости земли) являются причиной именно этого типа самодовольства. Полное доверие FMS (ВСС – вычислительная система самолетовождения) в горной местности – это тоже технологическое самодовольство. Мы уже столкнулись с ростом числа АП, называемых CFIT.

7. Все пилоты также знают, что индикатор EPR (engine power ratio) показывает разницу давления на входе и выходе реактивного двигателя. Если он отбросит в сторону эти знания и будет действовать так, будто EPR – это индикатор мощности – это технологическое самодовольство. Его полет может закончиться в реке Потомак (Нью-Йорк, США), как это случилось много лет назад.

Лидерское самодовольство

Этот тип самодовольства - главным образом лидерский синдром по причине плохого взаимодействия самого лидера. Капитан, не сознавая своего поведения, может создать атмосферу, когда члены его экипажа чувствуют себя напряженными, им нелегко.

Может случиться, что капитан не слушает, раздражается, использует негативную жестикуляцию, что, вероятно, станет причиной очень негативной атмосферы в кабине, в салоне или в левом кресле. В этой напряженной атмосфере второй пилот перестанет поддерживать его своими знаниями и опытом, и может даже подавлять свои сомнения по поводу действий капитана.

Неправильные действия капитана теперь не корректируются и это может зайти так далеко, что второй пилот будет ждать с радостью ошибки капитана. В этом случае необходимая обратная связь на действия капитана убивается плохим взаимодействием. Капитан, так сказать, снял свою охрану, не зная об этом, своим плохим взаимодействием на борту. Он создал свое собственное «лидерское» самодовольство. Он бессознательно не использует доступные знания в правом пилотском кресле.

Несколько примеров лидерского самодовольства

1. Очень опытные пилоты из Европы или США летали в течение многих лет в качестве капитанов в маленьких авиакомпаниях в Африке, на Среднем и Дальнем Востоке. Когда местные пилоты, после нескольких лет полетов, набирают достаточное количество

летных часов и квалифицируются на свидетельство пилота авиакомпании, они становятся капитанами и старшими специалистами, капитанов из других стран пересажавают на правое кресло в качестве второго пилота. Обычно проблем, связанных с безопасностью, по данной причине не возникает, но в некоторых культурах не принято критиковать капитана, даже если он имеет еще малый опыт. Опытный пилот в правом кресле очень хорошо понимает это, а также знает, что если он вмешается в пилотирование капитана и его решения, он, возможно, будет испепелен и отправлен домой, даже если его вмешательство было и правильным и ценным с точки зрения безопасности.

В этом случае самодовольство второго пилота проявиться в самодовольстве **в угоду своему капитану**.

В некоторых культурах, где решение капитана не может быть оспорено, такие же условия могут часто возникать между местным капитаном и местным вторым пилотом в летном экипаже. Разница в уровне безопасности полетов между различными регионами может быть по причине культурных особенностей, приводящих к «лидерскому» самодовольству.

2. В 1972 году Трайдент взлетел из Лондона. Командир экипажа был хорошо известен как исключительно авторитарный человек. Приемлемая гипотеза АП такова, что при этом особенном взлете капитан по ошибке скомандовал: «Предкрылки убрать», вместо «Закрылки убрать». Второй пилот исполнил команду даже при том, что он, бесспорно, знал, что это преждевременная команда. Может быть, он не осмелился противоречить капитану или просто хотел навредить ему. Самолет немедленно свалился на малой высоте и разбился юго-западнее Лондона. Катастрофа стала результатом смертельного «лидерского» самодовольства.

3. Около 30 лет назад огромный морской паром с сотнями пассажиров на борту, идущий из Осло, Норвегия, в Копенгаген, Дания, закончил свое плавание на берегу восточнее маяка, вместо того, чтобы пройти западнее его. На капитанском мостике была враждебная атмосфера между первым помощником и рулевым. Первый помощник дал неверный курс по ошибке и рулевой не уточнил приказ но, в условиях хорошей видимости, преднамеренно направил судно на скалы.

В этих примерах капитан – лидер – страдает самодовольством из-за своего отношения/поведения и он теряет много информации не осознавая того. «Лидерское» самодовольство – это факт. Теперь вы можете подумать над вопросом:

Первый помощник и рулевой страдают ли от самодовольства в этих трех примерах?

Мой ответ – нет.

Они не в состоянии самодовольства, так как они отлично осознают то, что они делают.

Мы можем назвать это угодливостью, так как их поведение противоречит их знаниям и чувствам относительно безопасности.

В первом примере второй пилот преднамеренно действует в страхе быть наказанным.

Во втором и третьем примерах помощники преднамеренно действуют так, потому что они хотят сделать удар в спину старшему по званию.

Такое непрофессиональное поведение имеет только одно название – ГЛУПОСТЬ.

Их решения происходят из их «рептильного мозга» и их головной мозг блокирован гневом по причине плохих лидерских качеств.

Супермен

Еще одна причина «лидерского» самодовольства может поразить великолепного лидера. Это звучит совершенно невероятно, но, к сожалению, это так. Иногда большая компания получает очень хорошего Президента и СЕО. Он так хорош, что его хвалят до небес в прессе и по ТВ и огромный риск заключается в том, что его коллеги и штат работников начинают ощущать, что он непогрешим. Результат будет таким, что они не осмелятся предположить, что этот хороший лидер может быть неправ. Их душит страх, что о них подумают, как о глупцах. Следовательно, хороший лидер не получает ценных и важных сведений. И не осознавая этого, он не получает доступных знаний от своих директоров, друзей и членов рабочей группы. К сожалению, такому лидеру обычно нравится эта ситуация - быть вне зоны критики. Он страдает от «лидерского» самодовольства. По всему миру имеется множество примеров этого типа самодовольства.

Управленческое самодовольство

Управленческое самодовольство очень похоже на лидерское самодовольство, но вместо плохого взаимодействия между людьми, управленческое самодовольство будет развиваться в среде с плохим взаимодействием между человеком и системой, в которой он работает. Управленческое самодовольство может, таким образом, развиваться в ситуации, где плохое взаимодействие между управлением/менеджментом и пилотами, менеджментом и бортпроводниками, менеджментом и наземным персоналом. В терминах трансактивного анализа это взаимодействие может восприниматься, как общение между родителем и ребенком.

Работники чувствуют себя под гнетом критики, контроля, перепроверок, находящимися в стороне от принятия решений и их не слышит менеджмент. Их активные знания, творческий потенциал и мотивация постепенно подавляются плохим взаимодействием. Они все еще имеют знания, но не имеют стимула использовать их. Постепенно у них может развиться негативное отношение к самой компании и результатам её работы. Так как никто не спрашивает знаний пилота и его мнения относительно безопасности полетов, или другую важную информацию, он может постепенно трансформироваться в человека, который больше не выдает никакой информации. Он может даже прекратить спрашивать информацию от своих коллег.

Наконец, он даже прекратит обращаться к своей собственной памяти за знаниями. Его поведение может войти в состояние угодливости своему собственному плохому нраву и эта угодливость открывает дверь управленческому самодовольству – самодовольству по вине управления.

Пилот, в результате, бессознательно не использует доступные знания.

Управленческое самодовольство – это реальная угроза безопасности полетов и оно должно быть скомпенсировано другим пилотом в экипаже. Если оба пилота страдают от него, тогда нужно ожидать АП.

Иногда капитаны и в авиации, и на море могут быть вынуждены, по требованию компании, держать высокую скорость, не беря в расчет плохую погоду и технические отказы. Они знают, что это нарушает установленные правила, законы и инструкции. Они прекрасно понимают, что то, что они делают снижает уровень безопасности. Это угодливость управленческому самодовольству. Множество АП в авиакомпании произошло по причине этого.

Одна из наиболее драматических катастроф, которую я бы хотел отнести к этой категории – это катастрофа парома «Эстония» в сентябре 1994 года. Огромный паром с почти тысячей пассажиров на борту затонул за несколько минут во время шторма в Балтийском море.

Высокая скорость, чтобы выдержать расписание, стала причиной огромного давления на нос корабля, который открылся (возможно, из-за неисправности замка), и позволил морской воде захлестнуть палубу, где стояли автомашины. Паром опрокинулся и затонул при минимальном числе спасшихся пассажиров.

Школьная усталость, которая может сразить некоторых учеников и студентов после нескольких лет обучения, может быть отнесена к тому же управленческому самодовольству.

Самопривнесенное самодовольство

Этот тип самодовольства, возможно, большинство людей рассматривает, как самодовольство, когда в результате отмечается довольно быстрое изменение в поведении человека, а сторонний наблюдатель не может заметить какой-либо внешней ненормальности.

Сторонний наблюдатель может заметить сниженную мотивацию, низкую дисциплину, снижение концентрации внимания или даже общую расхлябанность и неряшливость. Что-то произошло с этим человеком, который в результате изменил свое поведение.

Два хорошо известных примера самопривнесенного самодовольства, которые могут наблюдаться в той или иной авиакомпании.

1. При объединении двух компаний, некоторые капитаны могут быть посажены на правое пилотское кресло в качестве второго пилота. Большинство из них могут воспринимать данную ситуацию нормально и действовать профессионально, как отличные вторые пилоты. Но некоторые, кто рассматривает себя как «разжалованного», не поведет себя в соответствии со своими знаниями и навыками и не в соответствии со своими чувствами относительно безопасности полетов.

2. Пилоты, которые по очереди вводятся в капитаны, но должны подождать дольше, чем ожидалось, могут действовать двумя путями. Зрелый и реалистичный пилот будет использовать свои отличные знания и навыки, чтобы быть даже лучше, чем второй пилот. Но менее зрелое и даже ребячливое поведение – это вести себя и действовать в разрез своими знаниями, навыками и чувствами, относящимися к безопасности полетов.

Он бессознательно удовлетворяет свои амбиции, применяя опасный стиль поведения.

Это и есть самопривнесенное самодовольство.

Также существует большой риск впасть в самопривнесенное самодовольство при уходе на пенсию. И я могу услышать ваш вопрос:

- Как можно избежать самодовольства?

Мой ответ и мое ключевое слово на этот вопрос – **ощущение/чувство важности**

Как на практике лидерам избежать проявления самодовольства своих коллег?

1. Все лидеры должны думать о том, как важно создать такой климат в компании, в группе или в экипаже, чтобы все работники ощущали свою значимость. Они должны быть услышаны и пользоваться уважением.

Это предотвратит управленческое самодовольство

2. Любому человек, работающий со сложной автоматической системой, должен иметь ясное и сильное чувство своей значимости, а также ощущение и понимание того, что от него ожидается, что, в случае необходимости, он вмешается и скорректирует систему. При обучении такое вмешательство также должно отрабатываться. Не только в течение учебных сессий, но и при выполнении реальных полетов в левом пилотском кресле, в кабине или в комнате подготовки к полету, все это также должно отрабатываться: отключение технической системы, имитация отказа и его преодоление вручную, даже если в этом нет необходимости. **По крайней мере, это следует продумать на случай того, что должно быть сделано если ...** Это хороший метод сохранить ваши НАВЫКИ.

Это предотвратит технологическое самодовольство

3. В более мелких группах крайне важно, чтобы лидер создавал атмосферу, в которой все члены группы имели б ощущение своей значимости и знали, что они будут услышаны.

Это предотвратит лидерское самодовольство

Как человеку избежать впадения в самодовольство при плохом лидерстве?

Когда вы чувствуете критику, контроль и перепроверки со стороны руководства, когда вы чувствуете, что никого не интересуют ваши советы, ваши знания и творческий потенциал, когда вы чувствуете, что ваша мотивация постепенно затухает из-за плохого взаимодействия, в этом случае вы должны действовать и постараться защитить вашу точку зрения. Помните, что эта ситуация, в действительности, показывает, что вы высоко квалифицированы и имеете способности, значительно большие, чем требуются. Используйте эту сверх способность, чтобы улучшить ваши навыки, ваши знания и ваше самоуважение. Помните, что вы нужны. Не позволяйте вашему «рептильному мозгу» управлять вашим поведением. Ваши знания будут востребованы в будущем, так что сохраните их и не тратьте на тех, кто не хочет слушать.

Если вы чувствуете себя отстраненным от продвижения по службе или вас уволили, вы должны научиться пересматривать вашу модель отношений и ваши планы. Помните, что вы важны и нужны. Используйте ваши знания и постарайтесь вести себя как профессионал.

Это предотвратит самопривнесенное самодовольство

Мы должны признать тот факт, что самодовольство может поразить любого человека, либо в начале его карьеры, либо после многих лет службы. Настоящий, «верный правилам» человек может быть самодовольным также, как «компьютерообразный» человек. Мы все в опасной зоне, так что учитесь защищаться и боритесь с самодовольством.

Глава 5.
СТРЕСС
Долговременный стресс
(Бытовой стресс)

Слово «стресс» используется для описания различных состояний. Когда мы думаем об этом слове, мы часто сталкиваемся с различными ассоциациями. В данной главе о стрессе вы можете легко поменять слово «стресс» на слово «груз».

Мы всегда несем какой-то груз на своих плечах. Этот груз может быть физическим, требующим мускульной энергии или психологическим, требующим умственной энергии.

Когда мы физически сильны и хорошо натренированы мы можем очень легко нести тяжелый груз. Когда мы в хорошей психической форме, у нас есть навыки для решения наших профессиональных задач и личных дел, мы, вероятно, должны быть работоспособны и чувствовать удовлетворение от своей готовности действовать хорошо. Сажать тяжелый реактивный самолет в снежную бурю, при боковом ветре и плохом торможении, означает то, что есть серьезная проблема (груз, стресс), возложенная на ваши плечи. Но, поскольку вы хорошо натренированы, образованы и имеете необходимые навыки для выполнения данной обязанности, вы чувствуете уверенность и наслаждаетесь ситуацией. Вы, возможно, чувствуете себя более удовлетворенным после такой посадки, чем после простого захода и посадки в лучах солнца.

Хотя вы испытали высокий уровень стресса, вы сумели справиться с ним, и это было хорошо для вашего чувства самоуважения.

Это положительный/позитивный стресс. Иногда, как бы там ни было, груз на ваших плечах может быть слишком тяжел. Проблемы, требования, предельные сроки, нехватка ресурсов могут давить на вас так сильно, что вы обнаруживаете себя «на коленях», фигурально говоря. Это отрицательный/негативный стресс.

В этом случае кто-то должен помочь вам сбросить ваш груз и опять встать на ноги. Когда человек находится в состоянии сильного стресса, мозг будет реагировать и начнет борьбу за выживание. Правый полушарий мозга, который более легко подвергается влиянию и более уязвим медленно «умрет» и потеряет свою социальную компетенцию и свои ощущения по состоянию других людей. Человеческая эмпатия/доброжелательность/ теряется. Левый полушарий мозга с точки зрения эволюции значительно старше и будет справляться с принятием решения, и это принятие решения сконцентрируется на «эго». Мы начинаем драться за жизнь и рассматривать других, как объекты, не имеющие ценности. Когда правый полушарий «безмолвствует» левый полушарий срабатывает и превращает нас в психопата.

Отношения

Все самолеты оборудуются авиагоризонтами.

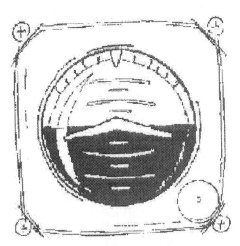

Все пилоты знают его функции. Но, что мы знаем о нашем собственном авиагоризонте и его функциях? Итак, наш авиагоризонт – это наша модель поведения и вы вскоре узнаете, как она действует. Когда я учу и пишу о стрессе, я, во-первых, объясняю как формируется отношение, насколько сильно оно влияет на наше мировоззрение и нашу способность справляться со стрессом. Для того, чтобы справиться эффективно со стрессом мы должны быть способны понимать и управлять нашей моделью отношений.

Мы все несем в себе множество моделей отношений – тысячи – потому что они должны быть готовы в нашем мозгу к тому, чтобы улучшить нашу способность принимать решение.

Но – и это очень важно – модели отношений наподобие одежд, что мы носим. Они должны меняться периодически, потому что они выходят из моды. Они больше не подходят и могут не налезать на нас, так как мы стареем и меняем стиль жизни. Модели отношений, тем не менее, проверяются и пересматриваются, они могут помешать нам принять хорошие решения и привести к большему числу проблем, чем мы уже имеем, с которыми придется справляться. Важно осознать, что единственный человек, который может изменить модель отношения – это я сам. Вы, мои коллеги, моя жена и друзья можете повлиять на меня, желая выполнить необходимое изменение. Но реальная работа должна быть сделана самим собой. Формирование отношения делается за несколько секунд, но изменение его занимает много времени. Отношение – это как узелок на веревке. Легко завязать, но может потребоваться много времени, чтобы его развязать.

Фильтр нашего отношения
Педагогически я обычно объясняю действие модели отношения на примере очков, через которые мы смотрим и постигаем реальность вокруг нас. Следовательно, поскольку мы все носители множества моделей отношений, мы все несем тысячи «очков отношений». И, как скоро важный объект или человек подходит, или мы встречаем, видим, слышим, чувствуем, ощущаем запах или вкус чего-то, мы сразу же одеваем те самые очки – с фиксированным отношением – на наш нос. Тогда все приобретает значение через эту «искаженную и влиятельную» картинку, что мы получаем в нашем сознании. Все действия, такие как речь, письмо, поведение являются результатом этой картинки, которую мы рассматриваем как абсолютно верную картину реальности.

Очень естественно и в это легко поверить, что вы и я видим и испытываем одинаковые чувства, когда видим или слышим что-то, что возникает и передаётся одновременно каждому из нас. Но это не так. А именно, каждый кусочек информации, которую мы принимаем, проходит фильтр нашей модели отношения до того, как он воспринимается нашим мозгом.

Если вы взглянете на что-либо, что вам нравится, вы воспримите это позитивно и ваши решения и поведение будут формироваться в соответствии с вашим отношением. Если мы посмотрим на одну и ту же вещь, но она мне не нравится, то мои решения и поведение будут, наиболее вероятно, отличаться от ваших, потому что мои решения будут формироваться в соответствии с моим отношением. Культурные различия часто будут формировать различные «очки отношений» и, следовательно, различное восприятие. Задумайтесь над двумя профессиональными критиками, смотрящими одну и ту же пьесу, один и тот же фильм или читающими одну и ту же новеллу.

Статьи, что вы прочли в газетах днем позже, могут быть довольно разными, потому что каждый критик имеет свое собственное отношение и свои личные ожидания.

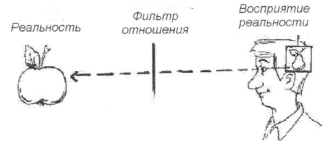

Мы смотрим на мир вокруг нас через наш индивидуальный фильтр отношений.

Когда мы воспринимаем мир вокруг нас наши чувства и эмоции немедленно формируются. Давайте скажем, что мы чувствуем счастье, радость и чувство безопасности. Другими словами жизнь прекрасна. Прекрасная ситуация и мы не ощущаем стресса вообще. Но, предположим, что мы чувствуем себя обеспокоенными, депрессивными, напуганными, несчастливыми, огорченными, раздраженными или разгневанными. Это уже другая ситуация. Теперь мы в состоянии стресса и обычно мы ругаем весь мир вокруг нас, ситуацию, наших руководителей или погоду. Но, что мы забываем – это то, что у нас два выбора; мы можем либо ругать нашу окружающую среду, либо можем взглянуть на нашу модель отношения. И есть ситуации, на которые мы можем повлиять.

Мы можем попытаться изменить нашу окружающую среду или наше отношение

Выбор за нами. Иногда возможно изменить ситуацию, с которой мы встречаемся, сделать что-нибудь, что уменьшит наши плохие ощущения. Мы можем попытаться получить другую работу, переехать в другой район, развестись. Итак, есть много вещей, которые мы можем сделать и изменить ситуацию к лучшему, но иногда ситуация может быть абсолютно неуправляема.

Такие события как смерть, болезнь, банкротство и погода не могут изменяться нами. Но наше отношение к этим событиям может быть изменено. Чтобы осознать это, быть способным на выбор и обдуманно действовать, следует управлять стрессом. Я дам вам формулу из моей жизни **A + B = C**. Если вам не нравится то, что вы видите, измените А (отношение) или В (жизненную ситуацию). Я предлагаю напечатать эту «формулу жизни» на оборотной стороне вашей визитки, чтобы она была доступна вам всегда, когда потребуется.

Если вы не можете использовать ее, значит вы действительно в опасности, так как вы можете начать путешествие через различные фазы стресса.

1. Фаза тревоги

В этой фазе «рептильный мозг» берет под контроль поведение человека. Он кричит на свою жену, детей, коллег. Он раздражается, хлопает дверьми, старается привлечь других людей «на свою сторону». Люди вокруг него могут ясно заметить, что он выдает сигнал тревоги. Зная, как работает система, он может быть способным заметить это сам. Другой реакцией от «рептильного мозга» могут быть слезы, которые также являются сигналом тревоги, но который надо обратить внимание. Теперь человек, которого это касается, должен получить поддержку и также попробовать использовать свою формулу

A + B = C.

Если этого не сделать, то он может перейти в следующую фазу.

2. Фаза сопротивления

Теперь человек в состоянии стресса сопротивляется состоянию тревоги. Он не изменил ситуацию и совсем не изменил своего отношения. Он отказывается, он сдается. Его поведение и жесты ясно выдают, что он потерял радость жизни. Его способность справляться с другими стрессами теперь значительно снижена. Теперь мы получаем увеличенный риск принятия неправильных решений, человеческих ошибок, плохого пилотирования и взаимодействия. Он может отвлекаться, раздражаться, уставать и страдать от страха и самодовольства. Если друг попробует подойти к нему или пригласить его на обед или попить кофе, он, возможно, будет сопротивляться такому подходу.

Он неосознанно попытается изолировать себя от общества. Его мысли продолжают крутиться в его голове, убивая все позитивное мышление. Он, говоря буквально, пытается протиснуться глубже и глубже в следующую фазу.

3. Фаза истощения

Теперь его тело сдается. Автономная нервная система, которая готовит человека к опасности – драка или полет – вырабатывает гормоны стресса в течение столь долгого времени, что это может привести к психическим расстройствам. Эмоциональный стресс теперь реализуется в некоторые психосоматические заболевания (*от др.-греч. ψυχή — душа и σ□μα — тело — направление в медицине и психологии, изучающее влияние психологических факторов на возникновение и течение соматических (телесных) заболеваний*), потому что ресурсы тела истощаются.

Проявление заболеваний, таких как приступы, язвы и высокое кровяное давление всем известны. Но, также такие заболевания как головная боль, мускульная боль, боль в спине, импотенция, диабет, грипп и даже рак могут развиться как результат долговременного стресса. Расстройство сна – это другой хорошо знакомы эффект стресса.

Считается, что эмоциональный стресс играет важную роль в более, чем 50% всех медицинских проблем. (Это показывает, что для увеличения продолжительности жизни человека, следует научить его справляться с симптомами стресса).

Что теперь нужно? Мой ответ таков: знания и эмпатия (*от греч. empatheia — сопереживание*) вместо лекарств. В противном случае имеется огромный риск того, что мы войдем в последнюю и финальную фазу.

4. Смерть

Этот сильнейший стресс в сочетании с некоторыми заболеваниями может запросто перейти в психологическое расстройство, которое заканчивается самоубийством или физическим расстройством, которое убивает носителя этих проблем. В Канаде было проведено научное исследование среди мужчин в возрасте 60 – 65 лет. Они были разделены на две группы. Одна группа состояла из мужчин, которые потеряли своих жен в течение этого периода. В другой группе были мужчины, все еще счастливо живущие со своими женами. Затем в группах регистрировали уровень смертности. Не удивительно, что уровень смертности в первой группе был на

400% выше по сравнению со второй группой, члены которой жили счастливо. Другие научные исследования ясно показывают, что мы ускоряем риск получения расстройства в нашей иммунной защите, когда находимся в сильном стрессе. Мы все еще полностью не понимаем участие медицины, которая снижает способность тела бороться против вторжения бактерий и вирусов. У меня есть свое собственной пояснение, оно более философское, чем медицинское или психологическое.

Наша нервная система состоит из 400 – 500 миллионов нервных клеток, каждая из которых соединена с приблизительно 1500 синапсами (конъюгация хромосом). Эта огромная информационная система обслуживает нас и делает все лучшее в нашей жизни. Каждая мысль, которая находится в нашей голове, передается в пределах этой нервной системы, которая не только передает сообщение, но, может быть, также регистрирует мысли. Если эта система читает «Я такой несчастный», «Жизнь ничего не стоит». Если она читает это в течение многих лет, то она может начать думать «Что можно с этим сделать?», «Хорошо, хорошо, мы можем запустить мысль в своей голове о покупке пистолета или мы можем обезоружить свою иммунную защиту». «Сказано – сделано, вперед! За работу!».

Из реальной жизни:
Пилоты обычно уходят на пенсию в возрасте 60 лет. Это реальность, которую все пилоты прекрасно понимают. И кода это приходит, это не сюрприз. После этой даты, как бы там ни было, они одевают свои индивидуальные «очки отношений», через которые они смотрят на новую ситуацию.

Капитан №1
«Это самое худшее, что случилось со мной в моей жизни. Я больше ничего не стою. Я потерял свою ценность и она не нужна уже мне больше. Никому не понадобятся мои навыки и знания»
Капитан №2
«Это здорово. Я любил свою работу, летать – значит все для меня. Но, теперь, я понимаю, что я полностью свободный человек впервые в моей жизни. Когда я был ребенком, мои родители решали и управляли моей жизнью. Когда я вырос мои родители и учителя направляли мою жизнь. В ВВС мои начальники решали за меня. Итак летный контроль моей авиакомпании закончен. Теперь я сам принимаю решения. Чудесно!»

Эти два капитана встретились с одной и той же реальностью, но их взгляд и восприятие ситуации диаметрально противоположно.

Эта разница может, в конце концов, привести к тому, что капитан №2 проживет на 10 лет дольше, чем капитан №1.

До сегодняшнего дня мы смотрели на отношение как на инструмент, который мы можем использовать, чтобы улучшить нашу жизнь и уменьшить стресс. Легко сказать «измени свое отношение». Но как это сделать?

Если мы попросим механика настроить карбюратор нашей машины, мы допускаем, что он знает как карбюратор устроен, как функционирует и где настройку следует сделать.

То же самое происходит если мы хотим настроить что-либо другое или наше отношение. Мы должны знать как отношение строиться, функционирует и где нужно сделать настройку.

Содержание отношения

Когда мы говорим об отношении, нам следует помнить, что отношение содержит три важных элемента:

1. Наши чувства к объекту — скрытые от людей;

2. Наши знания об объекте — также срытые от людей;

3. Наше поведение — здесь наше отношение становится публичным.

Под поведением я понимаю все, что происходит как принятие решения в мозгу человека. Его разговор, его жесты как он решил одеться, что он хочет почитать и послушать, если он приходит во время или нет и т.д. Специфическое поведение может рассматриваться как с положительной, так и с отрицательной стороны. Это зависит от того, какие «очки отношений» использует очевидец и в какой культуре он живет.

Разные культуры различных отношений

Как вы прочитали ранее, отношение может быть сбалансированным (истинным, твердым, стабильным) и несбалансированным (ложным, нестабильным). Обычно наше поведение — это результат наших чувств и знаний. Тогда мы говорим, что имеется баланс в нашей модели отношения. Наше отношение истинное и твердое. Большинство из наших моделей отношений сбалансированы. И сбалансированные отношения, когда мы действуем в соответствии с нашими убеждениями, легко переносить. Иногда, как бы там ни было, наше поведение не согласуется с нашими чувствами и знаниями. Тогда мы имеем несбалансированное отношение.

Даже сбалансированное отношение может стать причиной стресса в окружающей среде, где это поведение не допускается. Тогда мы должны изменить отношение или покинуть эту окружающую среду. Несбалансированное отношение забирает много энергии, перегружает и ведет к стрессу ее носителя. Для того, чтобы разгрузить систему и перевести эту энергию, поглощающую усилия, человек, наиболее вероятно, изменит свое отношение на сбалансированное. Его поведение не изменяется, но его ощущения и его знания изменятся, чтобы соответствовать нужному стилю поведения.

Как изменить/повлиять на отношение

Также как и родители, учителя, старшие бортпроводники, капитаны и шеф-пилоты, мы чувствуем временами необходимость скорректировать чье-то поведение. Мы легко забываем, что мы в действительности стараемся изменить отношение. Мы намерены указать на человека или группу, критикуя их поведение. Мы говорим им что делать и как себя вести.

Мы, так сказать, указываем на них нашим указательным пальцем, говоря им как себя вести, что читать и что они должны выучить. Мы действительно пытаемся исправить их, атакуя их уровень знаний о моделях отношений. Мы используем отношения по схеме «родитель – ребенок». В действительности, это фактор стресса. В результате может быть следующее:

1. Вы проявляете упрямство к «учителю», издеваетесь над ним и ведете себе даже хуже, чем прежде;

2. Вы подчиняетесь «учителю», но все еще стоите на своем ощущении и знаниях относительно этой ситуации. И, следовательно, вы легко возвращаетесь к прежнему поведению;

3. Вы отвечаете правильно и чувствуете, что «учитель» прав.

Что должно быть сделано – это выход на уровень чувств человека по его модели отношений. И через схему равных взаимоотношений «взрослый – взрослый» заставить его осознать и почувствовать, что другое поведение лучше и правильнее. Когда это сделано, он укажет своим собственным указательным пальцем на себя и постарается достичь знаний, которые соответствуют его новому чувству. Затем, когда он, так сказать, убежден сам, он изменит свое поведение.

Это то, как отношение одного человека влияет на другого. Если вы хотите изменить ваше собственное отношение для того, чтобы жить более счастливо в будущем, вы ДОЛЖНЫ чувствовать, быть убежденны, что изменение очень важно. Тогда изменение придет значительно быстрее и легче, то есть, если вы хотите прекратить курить, необходимо изменить свое отношение. Вы должны быть убеждены и действительно чувствовать, что это важно. Когда уровень ваших чувств уже соответствует вашим убеждениям, ваш уровень знаний автоматически начнет сбор информации, которая поддержит ваши чувства. Ваше поведение затем изменится и изменение отношения завершиться. Зная, как это функционирует, уменьшается стресс. В семье, где один из родителей курит, а другой говорит ему или ей прекратить и , как аргумент, использует статистику и медицинские исследования, курильщик может легко ответить:

- Я не верю в это.

С другой стороны, если к ребенку проявляют чувства, любовь и заботу, то его отец и мать могут изменить отношение к курению, чтобы создать ребенку благоприятные условия жизни. Инструктор или учитель должен не передавать знания, а создавать ощущение, что «его предмет интересен и нужен для образования обучаемого и его будущего».

Затем его студенты услышат и начнут воспринимать его обучение. Учителя, родители, лидеры/руководители должны всегда помнить, что они имеют дело с другими/чужими моделями отношений.

Кратковременный стресс

(Острый стресс)

Каждый, независимо от его профессии, иногда сталкивается с ситуациями, причиняющими короткие периоды сильного стресса. Это называется «кратковременный стресс». При возрастающем стрессе, воздействуя на наше сознание, эмоции, функции наших органов и наше взаимодействие с окружающей средой, наша способность принимать решения постепенно уменьшается или изменяется. Риск человеческих ошибок возрастает. Следовательно, сознание и понимание данного типа стресса очень важно. Кратковременный стресс и его воздействия могут быть выражены кривой наподобие данного графика:

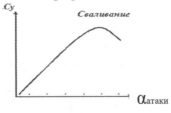

Угол атаки – кривая подъемной силы

Обычно кривая стресса рисуется как перевернутая буква «U», но, когда я обращаюсь к пилотам, я обычно рисую кривую стресса как зависимость подъемной силы от угла атаки.

Все пилоты видели эту кривую, где угол атаки идет по оси Х и коэффициент подъемной силы по оси У. Когда угол атаки растет, подъемная сила крыла самолета будет расти, но только до определенного уровня. Если угол атаки слишком велик, крыло выйдет на срыв потока (режим сваливания). Вы и ваш самолет входите в штопор.

На современных самолетах вы получите ряд предупреждений до попадания в эту опасную ситуацию. Во-первых, вы должны получить сигнал от вашего второго пилота. Затем начинается тряска штурвала с последующим звуковым сигналом предупреждения и весь самолет начинает трястись перед сваливанием. Когда стресс, проблемы и нагрузки возрастают, наш «человеческий фактор» отвечает возрастанием характеристик (подъемная сила), чтобы соответствовать растущим требованиям, «возлагаемым на ваши плечи». Но, как и подъемная сила, только до определенной степени.

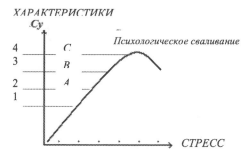

Кривая зависимости характеристик человека от уровня стресса

Скоро (а это зависит от нашего физического и умственного состояния, нашего опыта, навыков и насколько мы натренированы) наше тело и наша нервная система войдет в режим «сваливания». Мы обнаружим себя в физиологическом и психологическом штопоре. Мы должны научиться замечать предупреждающие сигналы!

(Я слегка повторюсь. Наш «человеческий фактор» не является причиной каких-либо инцидентов. Именно, когда наш «человеческий фактор» перестает функционировать происходят человеческие отказы и АП. Для меня наиболее важный аспект, с точки зрения CRM, это изучить наши ограничения и научить наблюдать за предупреждающими сигналами).

Психология – это научное изучение поведения и умственных процессов. Итак, давайте сначала посмотрим на поведение, а потом на умственные воздействия, при подходе к вершине кривой.

Изменения в поведении

Давайте допустим, что мы летим на определенном эшелоне полета, и никаких проблем нет. Мы расслабляемся и к профессиональному взаимодействию примешиваем, как бы там ни было, с более личные вещи, вроде разговоров о выходных и семейных делах. Наше положение на кривой – 1. У нас большой запас до «сваливания» и мы можем работать значительно больше, если понадобиться. Давайте назовем это «профессионально-расслабленной фазой».

Далее мы получаем разрешение на снижение, мы зачитываем контрольную карту «Перед снижением» и начинаем заход на посадку. Ответственность, напряжение и стресс нарастают и мы автоматически повышаем наши характеристики – позиция 2.

Изменения в профессиональном общении

Мы становимся более профессиональными и мы концентрируемся на наших обязанностях, устраняя всю личную болтовню. Мы также концентрируемся на том, что слышим и видим. Теперь мы в «фазе концентрации». Мы все еще имеем большой запас до «сваливания».

Если в этот момент у нас происходит пожар двигателя или какая-нибудь другая аварийная ситуация, как, например, общий отказ электросистемы, то наше чувство ответственности, нагрузка или стресс теперь заметно возрастают и мы легко реагируем, перемещая наши характеристики в положение 3. «Фаза ускорения». **Теперь мы должны быть настороже и сознательно остановить процесс, чтобы не влететь в следующую фазу «фазу уклонения» на 4 позиции кривой стресса.** В этой фазе наша способность на принятие решения становиться полностью блокированной. В финальной стадии в результате мы получаем «туннельное зрение», ухудшение слуха и полную блокировку чувств, когда мы входим и проходим вершину кривой стресса.

Давайте вернемся на позицию 3.

Фаза ускорения

Фаза ускорения – важная фаза, за которой наблюдают, потому что здесь наступает первое предупреждение. Это может быть сравнимо с «тряской штурвала», как первоначальное предупреждение перед сваливанием.

В качестве инструктора на тренажере, я мог легко заметить как пилоты, на этой «фазе ускорения», пытаются улучшить свои характеристики, перемещая свои руки быстрее, говоря быстрее, быстрее переворачивая страницы Руководства. Все их мускулы ускорились в примитивной попытке успеть сделать как можно больше. Эта тенденция - все делать быстрее - должна быть остановлена!!!

Почему? Потому что мы не получим того запаса времени, как мы думаем. Вместо этого, риск сделать что-то неправильно или перепрыгнуть через пункт контрольной карты проверок (check-list) растет. Если мы сознательно не снижаем скорость то, мы ускоряемся в направлении следующей фазы, позиция 4, и становимся тем, что я обычно называю «заяц (*неоплаченный пассажир)*» в кабине. Другими словами, мы войдем в режим «сваливания» и наш контролирующий мозг заблокируется.

Мы должны наблюдать друг за другом и за собой и любыми средствами останавливать процесс опасного ускорения.

Если мы сознательно снижаем скорость, мы помогаем нашей нервной системе поверить, что стресс снижается. Я никогда не забуду чувство расслабления, которое я испыиал много лет назад, будучи вторым пилотом. Мы летали на тренажере самолета «Каравелла», по программе летной тренировки (PFT) в 1960 году. У нас был пожар левого двигателя. Я старался сделать все очень, очень быстро, чтобы угодить капитану и инструктору. Тогда мой капитан сказал: ***Гуннар, у нас нет времени, чтобы спешить».***

Я понял намек и перестал спешить. Я почувствовал, как мое тело расслабляется. И я вернулся к фазе концентрации и стал действовать более профессионально. Это показывает то, как важно, чтобы член экипажа, или, что еще важнее, старший член экипажа, капитан/КВС или инструктор, наблюдал за поведением самого себя и поведением других и останавливал процесс ускорения.

Умственные последствия

Теперь мы изучили наши поведенческие изменения, когда мы подходим к максимальным характеристикам и то, как важно замечать фазу ускорения. Следующее, что нужно изучить – это **умственные последствия.** Что происходит с нашими пятью органами чувств? Много людей верят, что слух – это первый орган чувств, который блокируется. Легко поверить в это, потому что в течение фазы концентрации мы также концентрируемся на нашем слухе (и зрении). Мы отставляем в сторону неважные сообщения, но мы слышим важные. Наш слух не блокируется, так как это произойдет позднее, если мы продолжим подниматься по склону кривой стресса. Первый орган чувств, который подвергается влиянию, это не слух, а наше зрение. На позиции А мы достигаем первой стадии «туннельного зрения». Наше поле зрения быстро уменьшается от почти 180° до всего нескольких градусов. Мы не увидим светосигнализатор в углу нашего глаза, который использовали до этого. Нам нужно взглянуть на него, чтобы заметить сигнал. К сожалению, зона слева и справа не становиться черной, так что мы не замечаем этот эффект. Это похоже на наложение бленкеров, но мы не знаем об этом. Мы чувствуем неудобство и, может быть, недостаток информации, но наш мозг функционирует. Мы все еще высокопрофессиональны.

В действительности, мы все находимся в этой фазе в период ускоренного обучения в качестве члена экипажа, когда мы учимся летать и управлять другим типом самолета, когда получили повышение до капитана или прошли обучение в качестве нового командира самолета. Тогда мы находимся в этой первой фазе «туннельного зрения». Если мы продолжим подъем по склону, мы вскоре войдем в позицию В. В этой позиции мы находимся в опасной зоне, потому что теперь наш слух понемногу блокируется. Если вы не заметили когда вошли в фазу ускорения, вы не заметите того, что не слышите! Мы можем заметить, что наши коллеги на борту, в кабине или в комнате подготовки находятся в позиции В, потому что они не отвечают на вызовы или речевые сигналы или предупреждения. Если вы замечаете, что ваш коллега не отвечает, это значит, так сказать, второе предупреждение о «сваливании» перед входом в позицию С, где все наши органы чувств блокируются. И, следовательно, как в положении 4, все наши способности по принятию решений становятся полностью блокированы.

Вам 30 000 лет. Я привык хвалить наш «человеческий фактор», но как могут быть рассмотрены эти непрофессиональные реакции? Как соответствующие ответы нашей нервной системы? Да, в действительности, так и есть. Наша нервная система и ее стрессовые реакции были действительно спланированы, сконструированы и собраны около 30 000 лет назад. И с тех пор, очень мало изменений было сделано. Наши запросы, наше человеческое бытие изменились, но не наша реакция на источники стресса.

30 000 лет назад наша нервная система была сконструирована для того, чтобы сберечь нас, защитить нас, в случае опасности, такой как в ситуации угрожающего жизни стресса, когда единственная возможность выжить – это борьба или полет. Для обеих этих ситуаций была нужна большая мускульная энергия.

- *Давайте украдем энергию от не нужных функций в такой ситуации и доставим взамен эту энергию мускулам.* Так рассуждало и решало «руководство» в конструкторском бюро того времени.

- *Хорошо, следующие энергопотребляющие функции должны быть остановлены.*

1. Секреция слюны во рту не нужна. Эту энергию мы передаем рукам и ногам.
2. Периферийное зрение не нужно. Эту энергию мы передаем рукам и ногам.
3. Слух не нужен. Эту энергию мы передаем рукам и ногам.
4. И, наконец, мы блокируем восприятие. Эту энергию мы также передаем рукам и ногам.

Благодаря этим модификациям человек становится очень сильным и способным бороться и быстро бежать. Если он ранен, он ничего не чувствует и его кровь сгущается легче, что уменьшит или остановит потерю крови в случае ранения. Эти защитные механизмы были великолепны в прошлом, но в нашем техническом и предъявляющем высокие требования мире эти решения не оптимальны.

Идея позволить крови стать гуще сейчас это тоже недостаток, так как риск припадка и сердечного заболевания возрастает с возрастанием стресса.

Общее управление стрессом
Во-первых, мы должны больше изучать механизмы нашего стресса. Почему наша нервная система именно так реагирует? Почему и как наше поведение меняется с ростом стресса? Мы должны изучать это, чтобы управлять «формулой жизни» **A+B=C**.

Мы должны также учиться запрашивать помощь, когда наша жизненная ситуация требует слишком много энергии. В противном случае слишком мало остается для запросов, что придут позднее, когда мы на службе. Мы должны учиться получать контроль над нашей личной жизнью, выполняя перекалибровку наших моделей отношений и ожиданий. Мы должны учиться изменять нашу жизненную ситуацию, если нужно. Мы должны учиться следить за нашими реакциями и реакциями других в фазе тревоги при долговременном стрессе.

Занимайтесь зарядкой и ешьте здоровую пищу, чтобы быть в форме. Повышайте ваши навыки и знания. Учитесь и тренируйте то, за что несете ответственность, постоянно. Повышайте навыки общения.

Мы должны больше изучать способы управления конфликтами.

Мы должны научиться делегировать (передавать) ответственность. Мы должны научиться не только просить о помощи, но также предлагать помощь. Другими словами, научиться показывать эмпатию и создавать индивидуальное отношение. Молитвы – это позитивные мысли и они могут уменьшать стресс. И, наконец, не возлагайте на себя нереальные нагрузки.

Управление стрессом на борту самолета

Мы должны научиться осознавать реакцию на стресс как у самих себя, так и у членов нашей команды. Мы должны уметь осознавать симптомы стресса. Фаза ускорения – это последнее предупреждение, когда вы способны следить за своим состоянием или состоянием ваших коллег на кривой стресса. Потеря слуха, наблюдаемая у других людей – это последнее предупреждение перед началом стресса.

Другой симптом – отрицание фактов. Важная мысль, о которой следует помнить – это то, что одно плохое решение увеличивает вероятность появления других более плохих решений. Трудно прервать «цепь плохих решений» после того, как это началось.

В аварийной ситуации организуйте работу в кабине подобающим образом.

Будучи инструктором я заметил, что экипаж, который справляется с проблемами наилучшим образом – это экипаж, где капитан говорит второму пилоту: «Ты управляешь. Используй автопилот, насколько это возможно. Ведешь связь».

Капитан заботится о выполнении контрольной карты проверок и чтение Руководства. Он связывается, когда необходимо, с компанией и метеослужбой. Когда темно, он включает свет в кабине.

Экипаж, который справляется с проблемами плохо – это экипаж, где капитан говорит: «Беру управление», отключает автопилот и говорит своему второму пилоту прочитать контрольную карту проверок и Руководство в темной кабине.

С некоторыми знаниями о том, как наше тело реагирует на стресс, как мы справляемся со стрессом и заботимся о том, как мы обращаемся с нашим «человеческим фактором», мы можем продлить нашу жизнь от 65 лет до 85 ± 15 лет, до которых человеку и полагается жить.

Учитесь доверять вашему самолету

Подумайте так: «Двух двигательный самолет, вроде DC-9, MD-80, Boeing 737 и другие при отказе одного двигателя, общем отказе электросистемы и отсутствии гидродавления все еще остается хорошим самолетом! Не паникуйте!»

Пилоты, восстанавливающие свои навыки, часто выполняют на тренажерах взлет только одним работающим двигателем, или без электросистемы, или без гидросистемы. Пилоты делают это для развлечения, а иногда даже платят за это.

Проверьте характеристики вашего самолета в следующий раз, когда вы будете летать на тренажере.

Скажите инструктору, что вы хотите совершить взлет (полностью визуальный) на максимальной (более, чем полной) тяге и, после уборки шасси, набирайте с углом 28 – 30 , продолжая набор до тряски штурвала и проверьте характеристики вашего самолета.

Стресс при тренажерной подготовке

Я упомянул ранее, что от пилотов, как вы и я, при тренажерной подготовке очень много требуется, от чего может начать развиваться «туннельное зрение». Почему? Позвольте мне объяснить это следующим образом. Обучение стоит больших денег. Отстранение пилотов от работы стоит дорого. Время работы тренажера и инструктора тоже стоят очень дорого. Все это приводит к появлению высоких требований к характеристикам обучаемого под лозунгом «Ну-ка, встряхнись!». Давайте предположим, что наивысший возможный уровень для максимального обучения 85% (только для примера) от его располагаемых характеристик.

Взгляд на кривую стресса показывает, что происходит:

Нагрузки или требования к обучаемому пилоту на тренажере будут установлены на такой высокий уровень, что он автоматически отвечает требуемой характеристикой в 85%. На этом уровне на первой стадии появляется эффект «туннельного зрения», но мы продолжаем давать максимальные нагрузки. Заметьте, что теперь он очень близок к точке, когда он ничего не услышит, а, следовательно, ничему не научится.

Запас между уровнем максимального обучения и «нулевым» обучением очень мал.

Очень важно, чтобы оба: и инструктор и обучаемый, осознавали этот факт.

Что происходит в течение тренировочного периода?

Чем более тренированным и умелым становится пилот, тем больше его кривая стресса наклоняется и тем большие требования могут предъявляться к нему. Итак, поскольку его кривая обучения продолжает улучшаться, его способность переносить стресс также возрастает в течение тренажерной подготовки.

Пять кривых, представляющих первую, вторую и т. д.
тренажерные сессии

Чем более натренирован, умел и опытен пилот, тем более гладкой становиться его кривая стресса. Если долговременный стресс и личные проблемы поразят этого опытного пилота, то его кривая стресса станет круче.

Его характеристики, кажутся, высокими, но его способность перенести кротковременный стресс будут заметно снижены.

«Личные проблемы не могут оставаться нерешенными» (Хелмрич)

Короткая история

Позвольте мне рассказать вам об эпизоде в моей летной карьере, когда я испытал сильный стресс. Этот случай может также быть полезен другим пилотам.

После завершения курса подготовки командиров ВС, тренажерной подготовки и маршрутной проверки, я был запланирован на выпускной полет с командиром-экзаменатором (проверяющим). Наш самолет Convair CV440 Metropolitan был запланирован на рейс из Стокгольма в Готенбург. Это был последний рейс из Стокгольма в темный зимний вечер, в пятницу, вылет в 21.00. Пассажиров полностью. Все пассажиры беспокоились о том, как попасть домой к своим семьям после недели в Стокгольме. Я получил прогноз погоды. Погода Готенбурга: видимость 100 м, переохлажденный туман, временами 600 м, сильное обледенение в зоне аэродрома.

Я решил подобрать два запасных аэродрома с погодой выше минимума (Копенгаген и Алборг в Дании) плюс заправить топлива сверх расчетного на один час ожидания над Готенбургом. Конечно, я пытался выполнить подготовку самым лучшим образом на базе того, чему научился. В соответствии с правилами и инструкциями все было нормально для того, чтобы я вылетал по плану, но у меня было сильное желание не лететь. Но я также думал и о пассажирах, которым пришлось бы идти в отель в случае отмены вылета. Другим источником стресса был проверяющий командир, который следовал за мной в течение моей подготовки.

Я не могу перенести вылет? Или могу? Я пытался найти хорошую причину. Я начал готовить флайт-план, но одновременно совершенно другие мысли гуляли в моей голове. После последующих 5 минут я откладываю свою ручку и бумаги, поворачиваюсь к проверяющему и говорю: *«Я отменю вылет. Этот самолет не подходит для выполнения ухода на второй круг с минимальной высоты и набором 2500 футов (750 м) в условиях сильного обледенения* (что было напечатано в прогнозе). Его ответ был: *«Гуннар, молодец. Если бы ты не отменил его, я бы сделал это и ты не прошел бы проверку.*

Теперь вы допущены в качестве капитана, поздравляю!»

Глава 6
Взаимодействие

Часто говорится, что плохое взаимодействие – это причина 80% всех АП. Это причина не только авиационных происшествий (АП), но, возможно, также и многих других происшествий, неприятностей, несчастий вроде разводов, воин и множества конфликтов. На борту самолета плохое взаимодействие может иметь место между пилотами в кабине, между летным и кабинным экипажами, между пассажирами и бортпроводниками и среди самих членов кабинного экипажа. Плохое взаимодействие может иметь место между пилотами и диспетчерами, между администрацией и работниками. Плохое взаимодействие или его отсутствие может создавать конфликты, стрессы и ошибки. Плохое взаимодействие – это, конечно, угроза для безопасности полетов. Почему? В чем проблема? Разве взаимодействие -это не просто говорить и слушать? Да, это правильно. Это просто говорить и слушать. Но, именно, в этом и проблема. Рассматривая взаимодействие, многие из нас живут с двумя абсолютно неправильными установками.

Неправильная установка №1 это:
Я уверен, что вы понимаете то, что я говорю
Неправильная установка №2 это:
Вы уверены, что вы понимаете то, что я говорю
Как такое может быть? Ну, прежде всего, мы должны подумать о фантастическом процессе передачи слов и мыслей, хранимых в моем мозге, в ваш мозг. Давайте предположим, что я владею 20 000 различных слов, хранимых среди миллиона синапсов в моем мозгу. Они должны быть собраны в правильном порядке и через нервную систему передаются губам и языку. Одновременно мои легкие должны быть частично наполнены воздухом для того, чтобы производить постоянный воздушный поток через мои голосовые связки. Они должны вытягиваться для того, чтобы воспроизводить переносимую волну, которая принесет мое сообщение в уши слушателя. Язык и губы располагаются в абсолютно правильном положении, чтобы сформировать различные звуковые волны. В среднем мы используем около 40 различных комбинаций языка и губ. Мозг автоматически заботится обо всех этих функциях.

Теперь электрическая энергия, которая начинала процесс, трансформируется в энергию давления, которая через звуковые волны в атмосфере ударят по ушам слушателя и трансформируется в механическую энергию его барабанными перепонками. Молоточек, наковальня и стремечко передает эту механическую энергию к овальному окну и теперь механическая энергия опять трансформируется в энергию давления в жидкости во внутреннем ухе, где около 24 000 клеток в каждом внутреннем ухе, готовых принять и электрически передать частоту и громкость в височные доли слушателя. Здесь восприятие завершается, и слушатель может понять или не понять сообщение. Разве это не фантастический процесс? Когда это технически объясняется на подобии вышесказанного, легко понять, что могут возникать маленькие неточности на пути от моего к вашему мозгу. Если слушатель не заинтересован, уставший, голодный, испытывает жажду, находится в состоянии высокой степени стресса, у него плохое отношение или он страдает от слабого слуха, сообщение будет утеряно.

Если я не говорю достаточно ясно, вы не поймете.

Если я не говорю достаточно громко, вы не поймете.

Если я говорю слишком быстро без пауз, вы не поймете.

Передача информации от одного мозга другому передается очень быстро, но это занимает некоторое время. Если я говорю слишком быстро, принимающий информацию будет в состоянии стресса, чуть отстает и теряет нить. Если я использую язык, который вы не понимаете, вы не будите понимать. Если я использую несколько иностранных слов, вы можете упустить содержание моего сообщения. Тогда может наступить состояние беспокойства или ошибка. По ошибке я могу сказать «влево» вместо «вправо» и, конечно, вы меня не поймете. Язык моего тела может легко передавать информацию, которая не соответствует содержанию моих слов.

Акцентирование и интонация во многом способствует пониманию. Также помните, что вы читали о фильтре ожидания, фильтре отношения и фильтре механизма защиты. Эти фильтры могут легко разрушить ваше восприятие. К несчастью, передающий часто не слушает то, что передает. Принимающий не слушает передающего. Вместо того, чтобы слушать, собеседник думает о том, что он собирается передать, как только другой собеседник прекратит передачу. Наконец, я настойчиво рекомендую воздерживаться от иронии. Единственный человек, кто на 100%

поймет вашу иронию – это вы сами. Также помните, что различные культуры используют иронию в различных целях. Этот факт может легко создать непонимание и конфликты. Вероятно, вы тоже можете найти множество причин, по которым принимающий информацию может не понять, что передающий в действительности имел ввиду.

Наш технический язык

Чтобы избежать непонимания во время связи на борту ВС нас обучили использовать специальный язык, который я назову «Наш технический язык».

«Взлет разрешен», «Кабина в порядке», «Приступаю к снижению», «Снижаться разрешено» и почему слово Mayday означает намного большее, чем целые предложения. Исключительно важно придерживаться этого профессионального языка для того, чтобы не создавать причин для непонимания. Позвольте мне процитировать несколько утверждений из интересного документа представленного Стивеном Кашингом, К.Т.Н., специализирующимся в технической связи. Под заголовком: «Это не (только) то, что вы говорите, это как вы это говорите» он дает примеры из своих многочисленных исследований, зарегистрированных неверных сообщений между пилотами и диспетчерами. Они ясно показывают важность строгого соблюдения предписанной фразеологии.

Он часто сталкивался с тем что то, что имелось ввиду не было тем, Что был воспринято.

В случайных беседах или в рутинных деловых ситуациях, результаты такой неправильной связи могут простираться от развлечения до дорогостоящих ошибок. Но в авиации результатом произнесенной неверно фразы может быть смерть.

1. Классическим примером является опасная неправильная связь между испанским диспетчером и датским пилотом 747-го на Тенерифе 27 марта 1977 года. Пилот сообщил «Мы сейчас взлетаем» - он уже начал разбег и это означало «Взлетаю» - но диспетчер упустил это заявление, полагая, что самолет находился на исполнительном старте, ожидая разрешение на взлет.

2. Командир услышал, как его второй пилот говорит «Разрешено до семи» и начал снижение до 7000 футов. То, что командир понял как «Разрешено до семи» в действительности означало «Разрешено 27», что было номером рабочей ВПП. Сочетание 270 без единиц измерения может быть эшелоном полета, курсом, воздушной скоростью или номером рейса. Множество инцидентов произошло из-за этого простого факта. Пилоты и диспетчеры похоже имеют тенденцию слышать то, что они ожидают услышать.

Хороший (или плохой?) пример – это DC-9, который взлетел из аэропорта Арланда, Стокгольм, в январе 1986 года. В расшифровке голосовой записи УВД ясно слышно: «Сьеро Кило 559 выполняйте левый разворот, прямо на Дункер, взлет разрешаю». Пилот ответил «Посте взлета левый разворот на Дункер прямо, взлет разрешен Сьеро Кило 559».

После взлета пилот установил контакт с диспетчером отправления и сказал «Стокгольм Сьеро Кило 559 в правом развороте, прямо на Дункер».

Вышка сказала «левый» и пилот ответил «левый», но наикратчайшим на Дункер правый разворот с ВПП 08, поэтому он понял это как «правый» вместо «левого».

Слова Roger/вас понял и Okay/хорошо в начале повторения команды – это слова, которые дают диспетчеру сильное ощущение, что разрешение легко принято, а это может препятствовать проверке диспетчером повторения команды должным образом.

Эти слова могут даже восприниматься как подтверждение для принимающего сообщение, что его передача подтверждается, даже если Okay/хорошо предназначалось для другого абонента, принимающего сообщение.

Когда я работал в качестве пилота, я никогда не начинал повторение со слов Roger/вас понял и Okay/хорошо. И моим ответом на быстрое разрешение был всегда очень медленный повтор команды. Это снижало уровень стресса.

Некоторые диспетчеры и пилоты, пытаясь произвести сильное впечатление друг на друга, говорят очень быстро. Это легкий путь к неправильной связи. Это создает стресс и путаницу. Некоторые диспетчеры имеют тенденцию давать слишком много информации в одном сообщении. «Короткая рабочая память» не может принять это. «Привет ЗеАир 123 разрешается снижаться до эшелона 140, пересечь траверз маяка Дельта Альфа на эшелоне 220, выйти на радиал 175 от ВОР Дельта Фокстрот Голф на эшелоне 180, разворот вправо на курс 225 и связь с подходом на частоте 124,85, повторите». Это слишком много для «короткой рабочей памяти», чтобы запомнить, поэтому для повторения такого сообщения нужно воспользоваться «долгой памятью».

Когда повторение берется из «долгой памяти», которая уже услышала и сохраняла данное разрешение много раз, есть большой риск того, что повторение может быть неправильным, потому что сегодня разрешение говорит: «Пересечь траверз маяка Дельта Альфа на эшелоне 220» вместо 200, как это бывало много раз раньше.

Хорошо знакомая и часто повторенная команда теперь повторяется как эшелон 200, как обычно. И это не замечается либо пилотом, либо диспетчером. И может произойти инцидент. Иногда диспетчер на слушает. Как только он выдал разрешение, он начинает говорить с другим бортом и не обращает внимания на повтор команды. Если диспетчер не подтверждает «Повторили правильно», пилот может принять его незаконченный ответ как молчаливое подтверждение, что повторение было правильным.

Речевая и неречевая связь

Когда два человека встречаются и говорят друг с другом, мы можем сказать, что они передают и принимают информацию на трех различных каналах или частотах.

No 1. «Язык тела» – неречевой канал. Мы также используем два речевых канала:

No 2. То, как говориться.

No 3. То, что говориться.

Множество исследований и тестов было сделано для того, чтобы выяснить, какой из этих каналов самый важный.

Абсолютный победитель – наш «язык тела». Я видел цифры между 60% и 85%, показывающие его важность.

Для того, чтобы не быть неточным, я обычно упоминаю меньшую цифру 60%.

То, как говориться – составляет 30%, а то, что говориться – только 10%.

Легко сказать: «Этого не может быть». Но, это действительно так. «Язык тела» убеждает в этом: если есть конфликт между тем, что говориться и тем, что передает «язык тела», человек, принимающий информацию, не поймет сообщение. Потому, что он увидит сообщение вместо того, чтобы услышать его. Просто представьте, что произойдет, если передача – то, как это говориться – слабая. Принимающий информацию перестанет слушать или даже уснет. То, что говориться не будет принято вообще. Даже 10% не будет воспринято.

1. Контакт, прикосновения в виде рукопожатия или похлопывания по плечу и т.д. Расстояние между людьми, жесты, выражение лица, осанка и взгляд – это несколько примеров «языка тела». И, конечно, они все очень важны для того, чтобы сделать передачу понятной.

2. Несколько характеристик, которые могут быть упомянуты, когда мы говорим о том, как говориться – это акцентирование и интонация, высота тона, паузы, произношение и словарный запас, который используется.

3. То, что говориться или пишется содержит только слова.

Без «языка тела» - если мы общаемся по телефону или громкоговорителю из кабины или пишем письма – риск непонимания может возрасти. То, как говориться и как пишется – это в три раза важнее, чем то, что говориться. (75% к 25%) Плохо написанное письмо, возможно, будет иметь такой эффект, что читатель прекратит читать после нескольких строк, бросит письмо в мусорную корзину и, следовательно, ничего не поймет. Сделайте тихое объявление через усилитель и пассажиры перестанут слушать через несколько секунд.

Общение и построение команды

Два важных исследования было проведено для того, чтобы выяснить какое влияние оказывает внешнее общение на процесс принятия решения, построения команды и безопасность.

При первом исследовании на тренажере B747 в 1979 году, летный экипаж должен был решить множество проблем в полете из Нью-Йорка в Лондон. Было сделано важное открытие, а именно то, что ошибки проявились, как результат прерывания взаимодействия экипажа или слабой координации, а не как результат нехватки технических навыков или знаний. Другое важное открытие – это то, что качество общения было значительно более важным фактором, чем количество общения. Экипажи справлялись лучше, когда они были лучше информированы, были частью действия и чувствовали себя активно вовлеченными.

Другое исследование было выполнено в 1986 году по запросу Конгресса США. Целью проверки было выяснить, как усталость влияет на безопасность. Пилоты были разделены на две группы. Одна группа подошла к проверке, получив предварительно полный отдых, но не имея опыта совместных полетов. Другая группа состояла из пилотов, которые уже летали вместе и пришли на проверку усталыми, сразу после обычного рейса. Результатом этого изучения стало, вероятно, совсем не то, что ожидали. Обе группы сделали более или менее одинаковое количество очень незначительных ошибок. Но когда дело дошло до более серьезных и даже смертельно опасных ошибок, группа усталых пилотов справилась с ними в два раза лучше, по сравнению с отдохнувшей группой. Это исследование не доказало, что уставший экипаж лучше, чем отдохнувший! Это только показало важность того, как взаимодействие может объединять группу людей и улучшать их функциональность. Взаимодействие и принятие решения было лучше в экипаже, который отлетал вместе в течение нескольких дней. Они знали друг друга лучше, они сформировались в команду и могли создать условия значительно лучшего взаимодействия.

Как было сказано после исследования: «Близкое знакомство, в действительности, может порождать безопасность». Также было сказано: «Собрание высоко квалифицированных специалистов не обязательно составляет эффективную команду».

Хорошее взаимодействие вносит вклад в безопасность полетов

«Зрелая группа» может решать проблемы и справляться в аварийных ситуациях значительно более профессионально по сравнению с таким же количеством «Зрелых специалистов». Конечно, это также действительно для полного экипажа, состоящего из членов кабинного и летного экипажа. В качестве ленного инструктора я имел возможность много раз наблюдать взаимодействие между командиром и вторым пилотом и я могу жирно подчеркнуть ранее высказанные утверждения, касающееся взаимодействия и безопасности.

После того, как пилоты вошли в кабину тренажера, чтобы стать экипажем и начать свой проверочный полет, я часто отмечал тенденцию командира немедленно отвергать предложения второго пилота. Я назвал эту тенденцию «Синдром командира». Командир пилотировал самолет и взаимодействие было наподобие следующего:

Второй пилот : «Настроить ILS на первом полукомплекте»

Командир: «Нет»

Через 20 секунд, командир: «Настрой мне ILS на первом».

Я вижу только две причины для такой глупой беседы:

1. Командир хочет (я надеюсь неосознанно) продемонстрировать, что он главный.

2. Вы уже познакомились с «рептильным мозгом» и его тенденцией немедленно отвечать «нет» на предложение, которое нарушает стабильную ситуацию. Не смотря на то, что есть причина, такая беседа не улучшает взаимодействие и, в действительности, препятствует второму пилоту давать предложения в будущем. Хороший командир, хороший лидер, должен научиться не отвергать предложения своих подчиненных. Принять, когда возможно, эти предложения, значит создать искреннюю и конструктивную связь и выйти на еще лучшее взаимодействие, более высокий уровень безопасности и уберечь вас от «командирского самодовольства».

Наше внутреннее взаимодействие

Когда я веду семинары по Человеческому фактору и подхожу к Взаимодействию I, то обычно спрашиваю: «Что является нашим самым важным видом взаимодействия?» Участникам дается 5 минут на обсуждение и ответы обычно такие: «лицом к лицу», «речевое», «язык тела» или инструкции. Конечно, все это очень важно, но я бы хотел сказать, что наиболее важное взаимодействие, которое у нас есть – это наше внутреннее взаимодействие – наши мысли. Если у нас в голове положительное или негативное взаимодействие, то это повлияет на нашу личность и даже продолжительность жизни.

Обратная связь

Обратная связь – это очень важная связь на пути хорошего взаимодействия. Мы должны знать как выдавать обратную связь и также как принимать и допускать обратную связь. Не бить по кустам. Будьте прямыми и честными, когда вы устанавливаете обратную связь.

1. Положительная обратная связь позволяет человеку узнать, что ему следует продолжать делать.

2. Отрицательная обратная связь позволяет человеку узнать, что следует прекратить делать или что изменить. Отрицательная обратная связь – это не наказание. Это конструктивная критика. Положительная обратная связь может делаться публично, а негативная обратная связь на публике воспринимается и осознается как наказание. Создавайте обратную связь, как можно ближе ко времени проявления поведения, которое вы хотите прокомментировать. Тогда легко вызвать и создать хорошие условия для обратной связи, чтобы повлиять на поведение. Отрицательная обратная связь должна даваться на поведение, а не на человека.

«То, как вы сделали это, выходит за рамки безопасности, которые я могу допустить»   (С последующими примерами как вести себя в будущем)

«Выше действие пугает меня и вызывает возмущение» (С последующими примерами и как вести себя в будущем). Плохой пример обратной связи: «Каким глупым может быть человек?» Этот тип обратной связи является наказанием и, не имеет значение, даже если всё высказано приватно. Негативная обратная связь обычно воспринимается как наказание, даже если высказано в корректной форме, но принимающий критику имеет возможность улучшить свое поведение в будущем и может даже рассматривать это как награду, когда некоторое время пройдет. «Ваша форма нехорошо выглядит, по-моему вам следует ее почистить и отгладить. Гордитесь своей профессией и авиакомпанией».

Это негативная обратная связь, но она особенная и дает возможность изменить ситуацию. Конечно, это трудно сказать «Спасибо» когда вы получаете негативную, конструктивную обратную связь. Но учитесь так поступать. По крайней мере, мы должны ответить «Спасибо», когда мы получаем положительную обратную связь. Как член экипажа вы должны, в качестве обратной связи, задавать вопросы, когда вы чувствуете, что что-то не то происходит. Это также подходит и для кабинного экипажа в отношениях с летным экипажем и наоборот. Многие АП произошли, когда один или более членов экипажа никогда ничего не высказывали о том, что их беспокоило. Участие каждого члена экипажа необходимо для безопасности воздушного или морского судна. На борту имеется только один экипаж, а не два отдельных экипажа!

В своей речи в Арланде в январе 1999 года, доктор Роберт Л. Хелмрич перечислил несколько важных аспектов, которые все вносят вклад в …

больную корпоративную культуру авиакомпании:

1. Плохая связь между администрацией и работниками
2. Старшие специалисты демонстрируют плохой пример остальным работникам
3. Подход к ошибкам с позиции «порицания и наказания»
4. Существуют внутригрупповые конфликты в отряде
5. Воздействия/влияния на безопасность не управляемы и не координируются

По-моему все пять пунктов могут быть отнесены к плохому взаимодействию.

Приватная беседа/Откровенный разговор

Если вы нравитесь людям, и вам доверяют, то вы можете столкнуться с ситуацией, когда человек, друг или коллега подойдут к вам и попросят о приватной беседе/персонально поговорить. Это начало очень важного взаимодействия.

Считается, что женщины лучше справляются с этим вопросом, чем мужчины, но, независимо от этого, мы все должны быть готовы и способны выполнять такое взаимодействие. Об этом много можно говорить, но я постараюсь сказать коротко.

1.   Не отказывайтесь от беседы, если вас об этом попросили. Помните, она важна не только тому, кто просит, но и вам лично. Человек, который просит о такой беседе с вами, может переживать сильный стресс и вы, именно вы, были выбраны им и, может быть, окажите огромную помощь. Если вы сможете справиться с такой беседой, это поможет вам повысить способность управлять своим собственным стрессом и, в будущем, может быть, вы тоже будете нуждаться в такой беседе.

2.   Не говорите: «Я понимаю, что Вы чувствуете», потому что это неправда.

3.   Не давайте совета, вроде этого: «Когда я был в такой ситуации я сделал то-то и то-то»

4.   Затем проявите ЭМПАТИЮ. Вы должны показать свою способность понимать чувства, которые ваш друг пытается выразить, и показать способность общаться, понимая его. Вы должны адоптироваться к его позиции и приложить усилия для того, чтобы увидеть проблему его глазами.

Не демонстрируйте «свой подход к проблеме» и не предлагайте следовать ему. Помогите своему коллеге создать «свой собственный подход» и найти лучший способ следовать ему. Это достигается тогда, когда вы АКТИВНО СЛУШАЕТЕ. Слушайте и отвечайте, задавая вопросы. Проявите интерес и участие. Позвольте вашему собеседнику говорить, выражая свои мысли и, что может быть намного конструктивнее, чем высказывать свои мысли, просто тихо проворачивайте их в своей голове. Не удивляйтесь, если ваша приватная беседа закончится фразой: « Спасибо Вам за Ваш добрый совет, который Вы мне дали».

Вы отлично знаете, что не давали никакого совета.

Одна из наиболее удивительных приватных бесед, которую я имел, была на рейсе из Пальма Мальорка в Стокгольм, Швеция. После нескольких часов полета я покинул свое пилотское кресло и пошел в туалет в передней части салона. Когда я вышел из туалета, пожилая женщина ожидала с наружи, но не очереди в туалет, а поговорить со мной. Когда я понял это, я уже держал в своей руке ручку двери кабины. Мы стояли в буфетной и она сказала: «Я хочу поговорить с вами, командир, потому что это не приятный для меня полет»

«Хорошо, мадам, в чем проблема?» - спросил я.

«Мой муж умер на Мальорке» - ответила она.

Я мог запросто отказаться от этого разговора, открыть дверь кабины и просто исчезнуть. Но вместо этого я уделил ей порядка семи минут – больше не потребовалось – я слушал ее и показывал свой интерес, задавая соответствующие вопросы. Наконец она сказала: «Спасибо, командир, что позволили мне поговорить с вами, я почувствовала себя намного лучше».

Я тоже почувствовал себя хорошо, когда это закончилось. Я верю, что это что-то для нее значило.

Персональный критический разбор

Мы сделали авиационную транспортную систему очень безопасной. Нас отбирают, чтобы мы справлялись со стрессом, и мы обучены управлять стрессом. Тем не менее, иногда может происходить что-то, что может включать реакции нашего «рептильного мозга» такие как гнев, страх и инстинкты выживания в голове пассажира или члена экипажа.

Даже мелкие инциденты (такие как разрыв шины, зависание двигателя или болтанка от умеренной до сильной, с которыми мы справляемся в кабине, скорее как с нормальными ситуациями, и отрабатываем их на тренажере) могут расстроить и напугать кабинный экипаж и пассажиров. Когда такие инциденты случаются, мы должны бить готовы организовать «персональный критический разбор». Это важный элемент взаимодействия, о котором я скажу несколько слов. Мы должны помнить, что люди, вовлеченные в инцидент, могут вести себя вполне нормально и действовать сразу после события очень рационально.

Их реакции могут проявляться иногда и после происшествия. Эти реакции, такие как слезы, депрессия и бессонница, вы можете «запустить» путем организации разбора и, делая это, вы минимизируете «посттравматический стресс» (ПТС).

После более серьезного инцидента, когда участвуют психологи и профессиональные специалисты по проведению разборов, они справятся с ситуацией. Но иногда, вы должны быть готовы сделать это сами.

Если только одному человеку нужен разбор, его можно организовать, как приватную беседу, с которой вы познакомились только что, минутой назад. Если это нужно провести с группой людей, с экипажем или и с экипажем и пассажирами вместе, я дам вам несколько советов, которых рекомендую предерживаться.

1. Во-первых, не волнуйтесь и не усложняйте процесс.

Я научился этому от специалиста, который сказал мне: «Гунар, разбор в группе/в команде/в бригаде – это организованное общее чувство. В действительности, группой разбор может быть проведен легче, чем индивидуальный».

2. Не спрашивайте, нужно ли проводить такой разбор. Люди обычно всегда отвечают, что этого делать не надо. Он должен быть организован после каждого значимого инцидента, только продолжительность и интенсивность зависят от ситуации.

3. Попросите отдельный конференц-зал (не используйте ваш обычный кабинет). Присутствовать должны только участники инцидента. И никаких журналистов!

4. Если это возможно, поставьте на стол чай, кофе или минеральную воду.

5. Откройте разбор словами о том, что все, что будет сказано в этой комнате не выйдет за ее пределы. Это полностью конфиденциальный разговор. Никто не делает никаких записей. Любая попытка обвинить кого-либо должна немедленно пресекаться.

6. Дайте каждому участнику шанс рассказать о том, где он находился, когда все произошло, и как он перенес инцидент, что он чувствовал, когда все случилось, после инцидента и как он чувствует себя прямо сейчас. Слушайте активно, задавая вопросы.

Не бойтесь молчаливых пауз, они скоро заговорят снова.

7. Дайте информацию о том, что действительно произошло. Вы – профессионал и они послушают вас. Дайте им возможность задать вопросы.

8. Подведите итог, давая участникам разбора немного обратной связи. Скажите им, что их реакция вполне нормальна в данной нестандартной ситуации. Спросите, нужна ли им какая-либо поддержка и дополнительные встречи.

Глава 7
Трансактивный /связанный с поступками/ анализ (ТА)

Доктор Эрик Берн развил концепцию трансактивного анализа (ТА) и для меня его метод представляет очень педагогическое объяснение того, как функционирует взаимодействие – или не функционирует –между людьми. Такое взаимодействие - это социальное общение, называемое «трансактивность» - может, конечно, быть и речевым и неречевым. Его теория также действует при трансактивности, когда мы пишем письма и записки друг другу.

В книге «I'am OK – you're OK» Томаса А. Харриса (Avon Books), вы можете многое узнать о ТА.

Если вам интересно, я рекомендую вам также прочитать эту книгу в 300 страниц, что значительно больше моих 17.

Уже Зигмунд Фрейд заметил, что наша индивидуальность состоит из трех основных систем: ид (подсознание, наследственные качества), эго (я сам, самолюбие) и суперэго (сверх я). Каждая система имеет свои собственные функции и, конечно, взаимодействуя с другими, они формируют наше поведение. По Фрейду наше «ид» - это наиболее примитивная часть нашей личности, и уже проявляется в нашем младенчестве.

Это «ид» состоит из наших базовых биологических импульсов, таких как потребность в еде, питье, боязнь боли, наши сексуальные склонности и наша агрессивность. (Это может быть сравнимо с тем, что было сказано о «рептильном мозге»). «Ид» ищет немедленного удовлетворения этих импульсов. Оно действует на основе «принципа удовлетворения удовольствия». Оно действует так не смотря на внешние обстоятельства. Поскольку мы не можем проживать наши жизни без контроля над этими импульсами, что-то должно быть сделано. Итак, следовательно, должен быть создан контролирующий механизм. Во-первых, мы получаем наше «эго» и позднее наше «суперэго». Обе эти системы располагаются в «контролирующем мозге».

«Эго» развивается, когда маленький ребенок учится брать в рассчет требования реальности. Мы должны быть способны управлять нашими импульсами.

Третья часть нашей личности, наше «суперэго», накапливает оценки и мораль общества, как они представляются нашим родителям и/или другим важным людям по-соседству, когда мы еще дети. Это становится нашей совестью и мы учимся судить поступки, что такое «хорошо» и что такое «плохо».

Но зачем я упомянул Зигмунда Фрейда, когда мне следует писать о ТА?

1. Это довольно старая, но все еще действующая и интересная теория, которая помогает нам понять самих себя лучше.

2. Она очень хорошо соответствует теории Эрика Берна, который использует слова «ребенок», «взрослый» и «родители» вместо «ид», «эго» и «суперэго».

Оба, и вы и я, также как и Эрик Берн, заметили, когда мы слушаем или наблюдаем людей или самих себя во время дискуссии, как они или мы можем менять выражение своего лица, тон, запас слов, жесты и позу. Если вы говорите с коллегой о чем-то интересном и важном, такой человек может вдруг изменить свое выражение лица и сказать что-то вроде шутки или рассказать смешную историю. Несколькими минутами позже он/она могут выглядеть слегка раздраженными или задетыми и снабдить суровым замечанием «Это важно» или «Мы никогда не делали так раньше». Хотя это по-прежнему тот же человек, но очевидно, что он демонстрирует другие персональные качества. Согласно Эрику Берну, этот человек меняется между «взрослым» (при важном профессиональном разговоре) и «ребенком» (во время шутки) и «родителем» (выговаривая, что делать, и что нет). Берн говорит, что «ребенок, взрослый и родитель» это не концепция об «ид», «эго» и «суперэго»..., а феноменальные реальности». Согласно его теории эти стадии воспроизводятся при проигрывании записанных данных событий, происшедших в прошлом, в которых участвовали реальные люди, в реальное время, в реальном месте, с реальными решениями и с реальными ощущениями.

Важное замечание: когда я пишу «родитель», «взрослый» и «ребенок» в кавычках, это просто стадии личности и они не имеют никакого отношения с возрастом, профессией или должностью.

«Родитель»

В книге «I'm OK – you're OK» автор начинает с объяснения понятия «родитель».

Главная часть нашей «родительской» личности записывается и принимается нами перед школой. Лично я имею ощущение, что на пилотах мужчинах сильнее отпечатан/отгравирован «родитель» во время их военных обязанностей и летного обучения. Многие

начальники постоянно, как родители, говорят, что делать и чего не делать. Таково мое объяснение того, почему мы, командиры, имеем тенденцию взаимодействовать с нежелательного «родительского» уровня. В «родителе» записываются все правила и законы, которые ребенок (пилот-студент) услышал от своих родителей и увидел на своем жизненном пути. Он/она записывает оба, и речевое и неречевое взаимодействие, выражения лица (солнечные очки?), жесты, все «никогда» и «всегда», «нет», «нельзя», адресованные ему/ей врезаются в память. Они могут рассматриваться как постоянная запись. Они не стираются. Они бессознательно доступны в течение всей нашей жизни.
«Мы не можем стереть запись, но мы можем сделать выбор, чтобы отключить ее» - говорит доктор Берн.

«Ребенок»
В нашей «родительской» личности мы записали внешние события. Одновременно внутренние события были записаны в нашей личности «ребенка». «Ребенок» содержит множество чувств (наподобие «рептильного мозга»). Он содержит также способность к творчеству, чувство юмора, любопытство, желание исследовать и знать, стремление потрогать, почувствовать и испытать. Он содержит настойчивость и вызывающее поведение, но также послушание и преданность. Также наш «ребенок», как и наш «родитель», записывается до возраста 6 – 7 лет. (Мы уже имели «ид» по Фрейду при рождении).

«Взрослый»
С помощью нашей «взрослой» личности мы можем обновлять, учиться управлять и уменьшать нашу склонность использовать «родительский» уровень при нашем взаимодействии. Согласно доктору Берну, наш «взрослый» уровень начинает развиваться, когда нам около 10 месяцев отроду. До тех пор, пока мы имели только наши составляющие личность «родитель» и «ребенок». Теперь мы начинаем осознавать окружающие вещи нашего маленького мира. Эта наша самореализация – начало формирования «взрослого» уровня. Вы можете представить 10-ти месячного мальчика, лежащего в пастели, начинающего думать, «а что приносит его мама к постели?»
- Это вероятно не потому, что я голоден.
- Я полагаю, это потому, что я плачу!!!!
«Сейчас я только что получал еду и мои пеленки сухие»

- Я думаю попробовать покричать.

Он так и делает и через минуту его мама рядом с его пастелью. (Я пишу «мама», потому что когда мне было 10 месяцев, отцы никогда не приходили, когда ребенок плакал). Теперь младенец раскрыл что-то очень важное. Он может управлять и влиять на мир вокруг себя. 10-ти месячный ребенок только что нашел, что он может что-то сделать, что произрастает из его собственного понимания и собственных мыслей.

«Это здорово!»

С этого момента его «взрослый» уровень начинает развиваться и постепенно расти в течение его длинной жизни, так долго, пока его мозг будет функционировать соответствующим образом. «Родитель», «взрослый», «ребенок» обычно представляются в виде кругов вроде этого:

О «родитель» О «взрослый» О «ребенок»

Может ли так быть?

Наш «родитель» - это левый передающий полушарий.

Наш «взрослый» - это оба полушария: левый и правый, и плюс «рептильный» передающий мозг.

Наш «ребенок» - это «рептильный» мозг совместно с правым передающим полушарием. Конечно, «взрослый» круг должен быть самым большим и доминирующим в личности взрослого человека. Некоторые люди, к сожалению, имеют большой «родительский» круг, и они имеют тенденцию доминировать, «заботиться» и решать за других.

Они имеют тенденцию управлять и поправлять, когда в этом нет необходимости, создавая впечатление, что они не доверяют другим. Они легко критикуют и наблюдают за чужими ошибками и используют язык тела, который заставляет нас чувствовать себя подчиненными. Лично я люблю круг «ребенка» и стараюсь не уменьшать эту часть моей личности. Мой круг «родитель» я пытаюсь уменьшить, а мой «взрослый» круг, я надеюсь, все еще растет.

о   O   о   0

O   o   O   O

о   о   O   0

Люди с различными размерами свих «кругов» проявляют разные личностные характеристики. Конечно, мы все имеем различные размеры наших «кругов» и, как результат, мы демонстрируем разное поведение. Но когда я иллюстрирую (с этого момента и далее) взаимодействие между двумя людьми, я буду, из практических соображений, использовать один и тот же размер для всех кругов.

Когда два человека, с различными «кругами» и различными личностными характеристиками, общаются друг с другом, между нами начинается «трансактивность».

Эрик Берн пытается анализировать эту «трансактивность» и, именно поэтому, он называет её «трансактивным анализом». Если вы и я начнем взаимодействие/общение, наиважнейшим является то, какое впечатление оказывают на нас сообщения друг друга. Это «родитель» к «ребенку» или это «взрослый» к «взрослому»? Содержание сообщения зачастую второстепенно по важности. Скорее важно то, как мы посылаем его, чем то, что вкладываем в него. Выражение нашего лица, используемый нами тон, наши жесты, наша поза и наши глаза выражают значительно больше. Другими словами, наш язык тела наиболее сильно влияет на то, как сообщение принимается. Помните также, что то, как мы одеваемся влияет во многом на то, как сообщение принимается.

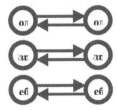 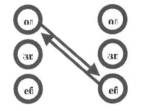

Трансактивность без проблем может быть на этих разных уровнях и разных направлениях. Согласно доктору Берну, параллельная трансактивность, вроде представленных выше, не вызовет проблем. Наверно, эта книга будет воспринята вами, как взаимодействие на уровне «взрослый – взрослый». Важно помнить то, что принимающий сообщение это тот, кто имеет право решать, откуда сообщение послано. Оно пришло от «взрослого», «родителя» или «ребенка»?

Параллельная трансактивность станет выше, когда устанавливается взаимодействие на уровне «взрослый-взрослый». Она формирует конструктивную и содержательную беседу или обсуждение.	- Сколько времени? - 15 минут восьмого.
Взаимодействие на уровне «родитель – родитель» обычно очень малосодержательно. Это часто беседа, в которой мы говорим снисходительно о других, кого сейчас нет здесь	- В наше время вся молодежь очень плохо воспитывается - Вы правы. Их никогда не учили тому, чему научили нас.
Взаимодействие на уровне «ребенок – ребенок» обычно замечательное. Оно содержит шутки, чувства, смех и т.д. Иногда мы даже пьем алкоголь, чтобы облегчить такое общение.	- Обними меня, дорогой! - Давай я тебя поцелую

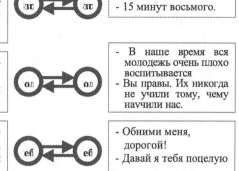

Но помните, мы, мужчины, должны думать о важности правильного начала взаимодействия на уровне «ребенок – ребенок», на равных с женщиной. В противном случае это может рассматриваться как сексуальное домогательство. Мы часто используем другую параллельную «трансактивность», которая также хорошо функционирует, так как собеседник принимает сообщение, оставаясь на уровне «ребенок» тогда, когда мы на уровне «родитель» и говорим с нашими детьми.

Три различных личности уровня «ребенок»
Настало время поговорить о трех различных личностных характеристиках, которые готовы проявляться, когда мы отвечаем с уровня «ребенок».

1. «Послушный ребенок»

Это, когда собеседник принимает сообщение, оставаясь на уровне «ребенок». Проблема состоит в том, вы не осознаете, что вас воспринимают, как «родителя». Вы можете верить всей душой, что вы взаимодействуете на уровне «взрослый – взрослый». Это от того, что вы чувствуете себя комфортно. Но ваш собеседник не чувствует себя так хорошо.

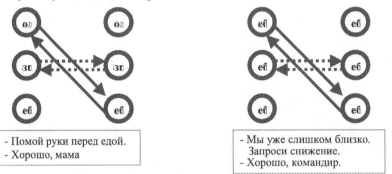

Пунктирные стрелки = предполагаемый уровень взаимодействия
Стрелки сплошными линиями = реальный уровень взаимодействия

2. «Маленький профессор»

Здесь проявляются наши творческие задатки, наше чувство юмора и любознательность. Маленькие дети иногда говорят что-то или отвечают таким смешным образом, что вам хочется сразу позвонить своим друзьям и рассказать им как ваш 4-х летний Сашенька только что казал. Затем Сашенька, возможно, вернется из своего «маленького профессора» на уровень «ребенок». Вы можете также использовать этот уровень, когда вы чувствуете, что вас ставят на уровень «ребенка». Вы не хотите на нем быть, но вы не хотите начинать спорить. Например, муж («родитель»): «Сейчас улицу не пересекай», жена («ребенок»): «Очень хочется, но я потерплю».

3. «Непослушный ребенок»

Когда мы чувствуем, что нас ставят на уровень «ребенка» и нам это не нравится, мы часто отвечаем как непослушный ребенок и, в таком случае, мы стараемся отплатить той же монетой и поставить другого человека на уровень «ребенка». Таким образом, мы получаем «перекрестное взаимодействие». Перекрестное взаимодействие означает, что начался конфликт или еще чуть-чуть и начнется.

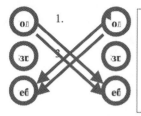

1. - Ты когда-нибудь научишься выдавливать зубную пасту снизу, а не портить тюбик, нажимая посередине?
2. – А ты, никогда не научишься мыть раковину после своего бритья?
3. – Я всегда у тебя самый плохой. Действительно, интересно, почему я женился на тебе.
4. – И, правда, лучше бы ты не женился.

И так скандал может продолжаться в течение долгого времени, или один из участников – обычно мужчина – выскакивает из комнаты в гневе, хлопая дверью, демонстрируя детское поведение. Единственное решение – тому, кто начал этот разговор – сделать первому комментарий

- Извини меня, дорогая. Это было глупо с моей стороны все, что я наговорил. Прости меня, если можешь.

Это извинение – хорошая попытка перейти на «взрослый» уровень и надеяться получить «взрослый» ответ: «Ладно, давай забудем это. Я тоже наговорила глупостей, я этого не имела в виду».
Честное извинение с теплой улыбкой – это и есть «взрослая» трансактивность.
Извинение, за которым следует «НО», ничего не значит. Оно может сделать даже хуже. А именно, это создает «родительскую» трансактивность и совсем не поможет.

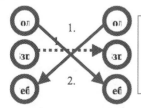

1. – Прости меня, дорогая. Мне не следовало говорить все это о тюбике с зубной пастой. Но ты должна согласиться, что всегда его портишь.
2. – Я ненавижу тебя. Можешь сегодня вечером ложиться спать в своем кабинете.

Теперь мы можем говорить о «коротком эмоциональном контуре» в нервной системе. Все предохранители нашего головного/контролирующего мозга взорвутся и, следовательно, контролирующий мозг будет полностью нефункционален.

«Рептильный мозг» начнет перегружаться и действовать без контроля. Немедленно, адреналин вплеснется в кровяную систему. В течение нескольких секунд сердечные сокращения возрастут на 20 ударов в минуту. Мускулы вздуются. Вся система готовится к бою, во рту сохнет, и начинает работать прямо от «рептильного мозга».

Две ловушки при взаимодействии

1. Я стараюсь и верю, что говорю с вами на «взрослом» уровне. Но моя форма, моё отношение, мой рост или мой тон, заставляют вас чувствовать, что я говорю с уровня «родитель». В этом случае я не могу понять, почему я получаю раздраженный ответ.

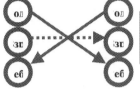

- Если ты повернешь здесь направо, ты проедешь наикратчайшим путем.
- Занимайся своими делами. Я сам знаю куда ехать.

Женщины значительно чаще выражают свои чувства при взаимодействии, чем мужчины. Это означает, что они могут выдавать информацию на уровне «ребенок – ребенок». Если мы просто выслушаем слова и отнесемся к ним на уровне «взрослый – взрослый», наш ответ на «взрослом» уровне будет не понят женщиной.

Короткая история

Моя жена купила пару очень красивых и дорогих коричневых кожаных сапог. Однажды, в декабре, она пришла домой после работы. Когда она шла на работу, погода была отличная, но когда она пошла домой, она вынуждена была идти по слякоти до 10 см и мокрому снегу. Ее сапоги промокли и белые линии были ясно видны между мокрой и сухой частями кожи.

Я встретил ее в прихожей.

1 – Привет, дорогая, добро пожаловать.

2 – Привет, Гуннар. Взгляни на мои сапоги, они мокрые и, наверно, испортились.

Я воспринял это как заявление взрослого человека. Я взглянул на ее сапоги и сказал:

3 – В такой день, как сегодня тебе следовало бы воспользоваться резиновыми сапогами.

Сразу же я понял всю глупость своего комментария. Если мы проанализируем взаимодействие, мы найдем следующее. Она не посылала свое сообщение на уровне «взрослого».

Я думал, что беседа была такой.   Но, в действительности, она была такой.

Угол между двумя «трансактивностями», в настоящем случае, соответствует опасности раздраженного взаимодействия. Но это значительно труднее уловить и понять. Она была несчастна, расстроена, обеспокоена и сожалела о своих сапогах. Итак, она послала сообщение на уровне РЕБЕНОК (ее чувства).

Затем, когда я ответил то, что я думал, на уровне ВЗРОСЛЫЙ, она естественно приняла это как трансактивность с уровня РОДИТЕЛЬ (критикующий РОДИТЕЛЬ).

Две различных уровня личности РОДИТЕЛЯ.

Когда собеседник воспринимает меня как, говорящего с уровня РОДИТЕЛЯ, я мог бы отобразить две различные личности.

1. Критикующий РОДИТЕЛЬ

В некоторых случаях мы попадаем в ситуацию, когда мы должны корректировать, критиковать и давать конструктивную обратную связь человеку. Потом мы должны попробовать послать сообщение с уровня ВЗРОСЛЫЙ. Если мы сможем так сделать, собеседник примет его как ценную и конструктивную информацию. Если собеседник получает ощущение, что она исходит с уровня ВЗРОСЛЫЙ, то это «критикующий РОДИТЕЛЬ», который пытается вас поправить. Тогда ответ может поступить от непослушного РЕБЕНКА и в результате поведение будет даже еще хуже.

2. Опекающий РОДИТЕЛЬ

Когда мы вмешиваемся в дела человека, когда это не требуется, нас воспринимают как «опекающего РОДИТЕЛЯ».

Когда мы говорим кому-либо как следует что-то делать, когда нет необходимости этого говорить, тогда мы действуем как «опекающий РОДИТЕЛЬ»

Командир, секундой ранее, был готов взять управлению от пилотирующего второго пилота:

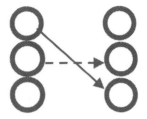

1 – Ты немного выше. Я выпущу спойлеры.

Затем командир выпускает спойлеры.

Старший бортпроводник только что решил начать сервировать хлеб для пассажиров и обращается к рядовому бортпроводнику:

2 – Возьми хлебницу и начни сервировать для пассажиров.

Когда мы так делаем, собеседник может стать раздраженным и ответить/действовать как РЕБЕНОК. Действовать в качестве «опекающего РОДИТЕЛЯ» это плохой пример лидерства.

Если мы находимся на уровне РЕБЕНКА и хотим выйти из него на конструктивный, взрослый уровень, нам следует попытаться ответить с уровня В: 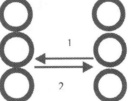 й пилот мог бы сказать:

1 – 2П – Спасибо, я как раз хотел попросить выпустить спойлеры

2 – КВС – Извини, что я прервал тебя.

Бортпроводнику следовало бы ответить:

1 – БП – Очень хорошо. Я как раз шел начать сервировку хлеба.

Ранее я предложил вам напечатать формулу А+В=С на обратной стороне визитки. Теперь я предлагаю вам напечатать шесть кругов, на которые вы можете взглянуть и, когда необходимо, попытаться выяснить, почему вы стали раздраженным при общении или почему вы получили гневный, неожиданный или глупый ответ/поведение в течение последней дискуссии. Эти две заметки могут помочь вам жить чуть-чуть лучше.

A+B=C

OO

OO

OO

Короткая история – «родительский разговор»

Много лет назад у меня была возможность, впервые, взять свою мать в кабину и показать ей свою работу пилота и свои обязанности в качестве КВС MD-80, мне было 55 лет. Я чувствовал себя хорошо и гордился собой.

Обычно, когда мы приглашаем пассажиров посетить кабину, мы привыкли слышать, как они говорят:

- Так много приборов и тумблеров. Как вы можете управлять этим всем.

- Очень впечатляет. Должно быть очень трудно всё это знать.

И все такое, вроде этого. Мою мать усадили на место наблюдателя между пилотами, чуть-чуть позади и на правой стороне. Я ожидал услышать от нее какие-то восторженные слова. Она не сказала ничего. Нас вытолкнули со стоянки.

Она ничего не говорит.

Я запустил двигатели.

Она ничего не говорит

Зачитали чек-лист и порулили к ВПП 19 аэропорта Арланда, Стокгольм.

Она молчит.

Мы заняли исполнительный старт, установили взлетный режим двигателей. Убрали шасси и установили режим набора высоты.

Она молчит.

Во время набора, на выходе из зоны, «Арланда-подход» попросил нас остановиться на эшелоне 150 в течение нескольких минут. Мы так и сделали, и я уменьшил режим работы двигателей.

Затем моя мать сжала мою правую руку. Очевидно, она хотела что-то сказать. Я повернулся к ней и стал ждать положительных комментариев на то, что уже было выполнено.

- Да, мама, что ты хочешь сказать?

Ее ответ был:

- Гуннар, тебе надо подстричься.

ГЛАВА 8
Теория Гарольда Келли

Гарольд Келли разработал очень полезный метод, позволяющий определять, где находиться причина поведения человека, в нем или вне него. Эту теорию очень полезно знать, когда мы хотим выяснить действительную причину аварии, инцидента или просто обычной ошибки. Самый правильный и простой способ – задать вопрос: «Почему это произошло?» Но его всегда можно оспорить вроде этого: «Причину почем мне знать? – Ну, имелся камень на моем пути». Причину почем вы знаете? Это произошло из-за вашей неуклюжести. Вопросы типа «ПОЧЕМУ» обычно рассматриваются, как причины внешних обстоятельств, касающихся чьих-то собственных ошибок. И причина обычно рассматривается, как внутренние обстоятельства, касающиеся ошибок других людей. Это примитивный, но очень общий способ взглянуть на чужие неудачи и аварии, которым можно объяснить то, почему причина авиационного происшествия так легко рассматривается, как «ошибка пилота».

Это вполне естественно, но не профессионально, то, что мы рассматриваем АП в пределах способностей самого пилота и, что этот внутренний «дефект» стал причиной его неправильного поведения.

Мы часто говорим о самодовольстве, недостатке взаимодействия, неумении принимать решения, слабом мониторинге, медленной реакции, не выполнении технологии и т.д. Другими словами, мы считаем, что причина АП находится в «неповоротливости» пилота. Такие примитивные, но человеческие объяснения не улучшат безопасность полетов. Эти объяснения, напротив, будут негативны в течение долгого времени, так как они только увеличивают ощущение вины и стресса у пилота, авиакомпании и авиационных властей. Если нам известна теория Келли, то значительно легче выяснить ПОЧЕМУ экипаж действовал таким образом в этой особой ситуации, или ПОЧЕМУ ваш пятилетний сын разбил вашу самую ценную вазу?

Помня об этой теории, намного легче выносить профессиональные вердикты. Знать теорию Келли, должно быть, исключительно важно для тех, кто расследует АП.

Гарольд Келли говорит, что в каждом случае мы должны рассматривать степень СОГЛАСОВАННОСТИ, ПОСТОЯНСТВА и ЯСНОСТЬ

Если СОГЛАСОВАННОСТЬ высокая

Если ПОСТОЯНСТВО высокое ⟶ **Ищите внешние причины**

Если ЯСНОСТЬ высокая

Когда мы так делаем, мы выясняем:
- что СОГЛАСОВАННОСТЬ высокая.
- что ПОСТОЯНСТВО высокое.
- что ЯСНОСТЬ высокая.
Тогда АП возникает по внешним причинам.
С другой стороны:
- что СОГЛАСОВАННОСТЬ низкая.
- что ПОСТОЯНСТВО высокое.
- что ЯСНОСТЬ низкая.
АП возникает по внутренним причинам.
Во-первых, мы должны рассмотреть СОГЛАСОВАННОСТЬ. Она, по Келли, означает степень, до которой другие люди действовали бы также, как этот конкретный человек, по тем же особым мотивам. Если другие люди, вероятно, должны реагировать также, СОГЛАСОВАННОСТЬ высокая. Но, если другие люди не реагируют по тем же мотивам и в той же манере, тогда СОГЛАСОВАННОСТЬ низкая.

Итак, мы задаем вопрос 1
Другой пятилетний мальчик, наиболее вероятно, разбил бы вазу? ДА или НЕТ?
ДА означает ВЫСОКАЯ, НЕТ означает НИЗКАЯ.
Во-вторых, мы должны рассмотреть постоянство. Это означает степень, до которой человек отреагирует таким же образом по той же мотивации, но при других обстоятельствах. Если он, наиболее вероятно, отреагирует в той же манере в другой день, «постоянство» ВЫСОКОЕ. Если он, наиболее вероятно, не отреагирует в той же манере в другой день, тогда «постоянство» НИЗКОЕ.

Теперь давайте зададим вопрос 2

Ваш сын разбил бы вазу на следующей неделе, если бы он оказался на этом месте неделей позже?

ДА или НЕТ. ДА означает ВЫСОКАЯ, НЕТ означает НИЗКАЯ.

Наконец, мы должны рассмотреть «ясность», а именно степень до которой этот человек отреагирует в той же манере по другому, отличному мотиву. Если он не отреагирует в той же манере по другой отличной мотивации, тогда «ясность» ВЫСОКАЯ. Если он обычно реагирует тем же способом также по другой отличной мотивации, тогда «ясность» НИЗКАЯ.

Теперь давайте зададим вопрос 3

Ваш сын разбивает вазы и другие вещи и раньше и теперь?

ДА или НЕТ. НЕТ означает ВЫСОКАЯ, ДА означает НИЗКАЯ. Вместо того, чтобы говорить вашему сыну:

- Неуклюжий малыш. Это стоит 200 долларов. Иди в свою комнату и сиди там два часа и подумай о том, что ты сделал.

Возьмите данный вопросник и ответьте на три вопроса. Если вы отвечаете ДА, ДА и НЕТ, ответы, по Гарольду Келли, дают ВЫСОКАЯ, ВЫСОКАЯ, ВЫСОКАЯ, которые означают, что причина битья ваз – это поведение ребенка, которое происходит по внешним причинам. Вы, вероятно, расположили свою вазу на высоком пьедестале и, следовательно, это была ваша ошибка. Но, если ваши вопросы дают ответы НЕТ, ДА и ДА то, по Гарольду Келли, это дает НИЗКАЯ, ВЫСОКАЯ и НИЗКАЯ, что означает, что причина битья ваз – это поведение мальчика, которое происходит по внутренним причинам.

У вас, видимо, неуклюжий ребенок, но разберитесь с ним осторожно с заботой и, скоро, он станет более скоординированным.

Все АП самолетов могут обсуждаться также и вопросы могут задаваться на основе этой теории. Вы найдете, что много АП дадут ответы ВЫСОКАЯ, ВЫСОКАЯ, ВЫСОКАЯ, что означает, что причина АП может быть найдена в окружающей среде. Большинство АП, упомянутые ранее, дадут в результате ВЫСОКАЯ, ВЫСОКАЯ, ВЫСОКАЯ. Сильный ветер и попутный ветер могут вполне быть внешней причиной, которую следует рассмотреть. Но, помните, что эти внешние причины могут вполне противоречить знаниям, опыту и обучению. К сожалению, имеются также АП, которые дадут НИЗКАЯ, ВЫСОКАЯ и

НИЗКАЯ в результате расследования. Из журнала «Flight International» за август 1996 г., я процитирую следующую печальную историю:

Пилоты самолета «Learjet-25B» «поссорились» в кабине из-за ухода на второй круг

«Learjet-25B» совершил перелет полосы в аэропорту королевских ВВС Норхолт в Англии и пробил забор по периметру аэродрома и вылетел на дорогу. Перед АП произошел спор в кабине между КВС и вторым пилотом, как говорит их единственный пассажир. Она говорит, что второй пилот попытался заставить КВС уйти на второй круг, но он настоял на посадке. Диспетчеры говорят, что самолет выполнил крутой визуальный заход и коснулся жестко где-то у половины ВПП длинной 1700 м. Самолет сбил вагон и разрушился, но никто серьезно не пострадал. Давайте, используем теорию Келли по данному АП и расследуем причину.

1. Другой КВС, наиболее вероятно, справился бы с ситуацией лучше? Итак, ответ даст в результате НИЗКУЮ согласованность.

2. Этот КВС, наиболее вероятно, действовал бы также и на другой день? Ответ на вопрос 2 даст результат ВЫСОКОГО постоянства.

3. Этот КВС, наиболее вероятно, действовал бы также при работе с другим вторым пилотом и на другом аэродроме? Ответ даст результат НИЗКОЙ ясности. И, следовательно, причина этого АП происходит от внутренних причин. И можно наложить наказание на этого КВС.

Несколько примеров внутренних причин:
Стресс (причиной стресса могут быть внешние причины)
Наркотики
Заболевание
Медикаменты
Недостатки обучения (причина может быть внешней)
Соглашательство
Усталость
Голод и жажда
Плохой нрав и раздражительность
Плохое взаимодействие
Внешние причины могут быть ………… ЛЮБЫЕ

ГЛАВА 9
Сон
Расстройства сна и расстройство биоритма

Двигатели, компьютеры, машины и самолеты нуждаются в сервисном и техническом обслуживании. Наше тело, наш «человеческий фактор» со всеми его системами также нуждается в сервисном и техническом обслуживании. Каким образом, это происходит с нашей электрической системой, гидравлической системой, мускулами, кожей, нашим скелетом, легкими и пищеварительной системой? Конечно, медики могут время от времени ремонтировать сломанные части и делать техническое обслуживание, но регулярное, по расписанию, техническое обслуживание это то, что мы получаем каждую ночь во сне.

Совершенно отдохнувший мозг в хорошо проводимых электрической и гидравлической системах функционирует намного лучше по сравнению с тем, что воспроизводит мозг, когда он усталый, заскучавший или сонливый. Тело в хорошем содержании и отдохнувшее ответит намного лучше и быстрее на приказы из мозга по сравнению с тем, как это сделает неуправляемое и уставшее тело. Сон – это очень существенная и важная часть нашей жизни. Вот почему мы спим приблизительно 30% времени нашей жизни.

Из долгих исследований мы узнали, что сон – это не только общий отдых, но и то, что он имеет очень специфические цели для того, чтобы обеспечить нас высоким качеством жизни. Для большинства из нас сон не причиняет каких-либо проблем. Особенно, когда мы молоды, легко уснуть, и мы спим беспробудным сном. Проблема, вероятно, возникнет потом, когда надо будет вставать утром.

Для других сон может вызывать проблемы. Они не могут уснуть и пробуждаются посреди ночи, а потом не могут уснуть опять. Мы становимся раздражительными так, как «мы должны спать потому, что нас ждет полный рабочий день впереди». Для летных экипажей и других, работающих на сменной работе и со сменой временных поясов, крайне важно знать больше о результатах исследования сна. При полете с востока на запад произойдет расстройство биоритма и у пассажиров, и у экипажа. Эти негативные воздействия могут быть уменьшены с помощью некоторых знаний о том, как наш сон реально функционирует.

Пробуждаться временами ночью - это вполне нормально.

Давайте скажем, что в среднем нужно спать порядка 7 – 8 часов с периодом в каждые 24 часа. Обычно мы спим немного больше в течение темных зим по сравнению с летним периодом. Важной находкой при исследовании стало то, что мы спим, так называемыми, циклами и каждый цикл содержит различные стадии, пронумерованные от 1 до 5. Эти циклы и стадии были открыты с помощью использования электроэнцефалограммы, которая измеряет мозговые волны спящего человека при исследовании. Волны отличаются друг от друга по ходу стадий.

Нормальная ночь может быть проиллюстрирована так:

Наш сон похож на волны, когда мы пробуждаемся и переходим ко сну на гребнях и имеем самый глубокий сон у подошвы.

Мы начинаем наши циклы, когда мы засыпаем. А когда мы пробуждаемся утром, мы уже, как правило, прошли пять циклов и четыре пика «пробуждение – засыпание». Очень часто мы совсем не замечаем пиков, так как мы пробуждаемся и засыпаем в тот же момент. Со стороны можно заметить, что мы что-то бормочем и ворочаемся в кровати.

Но иногда мы пробуждаемся до такой степени, что мы замечаем какие-то звуки и, может быть, пытаемся посмотреть сколько времени. Возможно, часы покажут время между 2.00 и 2.30; около 4.00 или между 5.00 и 5.30. Это важно заметить и положительно отреагировать, потому что вы тем самым узнаете ваш собственный ритм сна. Допустим, что вы просыпетесь в 2 часа ночи. Просто подумайте так: «Чудесно! У меня еще 3 комфортных циклов сна». Затем, вы немедленно засыпаете опять.

Проблема в том, что вы можете начать нервничать или раздражаться и думать о том, что вам предстоит сделать на следующий день.

«Я должен уснуть немедленно, так как я должен быть хорошенько отдохнувшим, чтобы выполнить всю завтрашнюю работу».

Теперь вы начинаете беспокоиться. Гормоны стресса вкачиваются в вашу кровь и вы совсем просыпаетесь.

Другой пример:
Вы просыпаетесь в гостинице в 2 часа и слышите шум из соседней комнаты. Вы начинаете злиться, потому что их вечеринка разбудила вас. Вы стучите в стену или зовете администратора. Ничего не помогает. Единственный эффект – это то, что вы не можете заснуть снова. В действительности, они не будили вас. Вы услышали их, потому что, и это вполне нормально, вы проснулись в 2 часа. Вы не слышали их на пол часа раньше. Вы даже не слышали свой собственный храп, потому что вы были внизу волны у «подошвы». Подумайте иначе: «Как хорошо, что я в теплой удобной кровати вместо того, чтобы участвовать в этой шумной пьянке».
(Бируши могут помочь)

Наиболее важным моментом является: **Никогда не становитесь взволнованным, злым или раздраженным в постели.**

Я обычно сравниваю эту цепочку циклов с поездом, в который мы садимся. Когда вы находитесь в своем «спальном купе», вы уснете. Этот «поезд» имеет свое расписание, которого придерживается ваш персональный ритм сна. Если вы пропустите отправление в 2.15, тогда будет подан другой поезд на «станцию» в 4.05 и отправление в 4.15. Пока вы ждете, вы можете оставаться в постели и расслабиться или почитать книгу и, по истечении часа, вы заснете очень крепким сном снова. Пропуск одного цикла не вызовет проблем.

Следующий поезд с вашим «спальным купе» прибудет в 2.05 и отправление в 2.15

Почему мы спим циклами через приблизительно 90 минут?

Я могу просто сделать предположение. Это может быть генетическое наследие. Тысячи лет назад мы должны были пробуждаться временами, чтобы проконтролировать, что нет никакой угрозы нашей семье и проконтролировать, что костер горит. Может быть это способ заставить нас двигаться чуть-чуть для того, чтобы не перегружать одну и ту же зону кожи и мускулов за целую ночь. Даже наши легкие не любят оставаться в той же самой позиции в течение долгого времени.

Когда мы зеваем, наше тело сигнализирует, что «спальное купе» скоро пребывает, так что будьте готовы сесть на поезд.
Знать о своих собственных циклах – это крайне важно. Эти циклы приходят, и днем и ночью, как прибой на береговую линию. Лично я имею периоды сонливости/дремоты около 10 часов утра, около 13.00 и 16.00, затем точно в 19.46, когда я засыпаю перед телевизором и пропускаю прогноз погоды в 19.55!

Если я проснусь в течение ночи в 2.00, 4.00, 5.15 и, наконец, в 7.30. Если вы хотите поспать для того, чтобы приготовиться к ночной работе, ложитесь, когда ваше тело хочет спать, а не тогда, когда вы считаете, что вы имеете на это время. 4 часа после полудни - универсальное время прибытия «спального купе». Так, что ступайте в пастель в 15.40 и установите будильник, чтобы он прозвонил через 2 часа. Затем вы получите полный цикл сна №1 с важной стадией №4.

Почему время 4 часа дня так универсально?

Наше тело имеет много циклов

Почки имеют свои собственные циклы. Кровяное давление меняется по своим циклам так же, как вязкость крови и температура тела.

Температура нашего тела находится на наивысшей точке в 4 часа дня и на самой нижней точке в 4 часа утра. «Спальное купе» прибывает в это время.

Будьте осторожны в 4 часа дня. Много ДТП происходит в это время, потому что водитель дремлет или даже спит.

Если вы должны работать в 4 часа утра, вам следует также быть даже еще более осторожными. Наше тело на самой нижней точке своих характеристик, и множество катастроф случается в это время. Остров 4-х миль, Чернобыль, Бхопал и Эксон Валдс – хорошо знакомые примеры.

Уровень аварийности для продолжительных полетов, часто выполняемых ночью, в два раза выше, чем для коротких полетов. Уровень аварийности для грузовых полетов еще выше. Почему? Ни один из пассажиров не хочет прилететь в 4 часа утра, но посадка грузового рейса в 4 утра – это дело обычное, так как груз должен быть разгружен, транспортирован и доставлен получателю, когда они начинают работать утром. Риск сердечного приступа выше утром, когда вязкость крови выше, по сравнению в полудень, когда вязкость ниже и кровь легче течет. Может быть, вот почему я предпочитаю пробежки днем, вместо утра. Чтобы изменить почечный цикл нужно больше времени, чем это требуется на изменение циклов сна. Это может заставить нас пойти в туалет рано утром, даже если мы адоптировались к новому местному времени на новом аэродроме посадки. Внутренние конфликты могут возникать, когда нейроны и синапсы управляют нашей жизнью, и, в тоже время, расписание и работа требуют чего-то еще.

Стадии

С помощью электроэнцефалограммы можно заметить, что электрические волны мозга сильно меняются во время нашего сна, так как мы проходим различные циклы. Имеется пять различных стадий просто называемых 1, 2, 3, 4 и 5.

Давайте посмотрим на нормальную ночь с пятью циклами и мы заметим, что они не выглядят одинаковыми относительно содержания их стадий:

Номер цикла	Содержание стадий по номерам
1	1,2,3,4,5
2	2,3,4,5
3	2,3,5
4	2,5
5	2,5

Стадии номер 1 и 2

Стадии номер 1 и 2 – это начальные стадии, когда тело и нервная система расслабляются, так сказать, и готовятся к последующим стадиям. Очень легко разбудить человека на этих стадиях и также, очень легко вернуться ко сну снова, не доводя вас до гнева или раздражения. Там где местные авиационные власти разрешают дремать пилоту в его кресле, важно, чтобы пилот пробуждался через 25 минут, потому что тогда он не входит в стадию номер 3 и может легко вернуться к своим характеристикам, что были до сна.

В течение нормального ночного сна, когда вы не замечаете, что вы пробуждаетесь и ворочаетесь в вашей кровати, стадия 1, нужен только первый цикл. Интересный эффект, который некоторые люди (но немногие) могут заметить в течение стадии 1, это то, что иногда их тело засыпает на несколько секунд раньше их мозга. Тело и душа, так сказать, не полностью синхронизированы друг с другом.

Это вызывает неприятное ощущение, потому что мускулы парализованы и руки и ноги не могут двигаться. Здесь нечего бояться. Мозг все еще бодрствует и может заметить, что моторная/двигательная система уже впала в сон. Просто расслабьтесь и ваш мозг через несколько секунд уснёт.

Стадия номер 3

В стадии номер 3 вы входите в глубокий сон, в такой, что трудно проснуться, а в стадии 4 наш сон так глубок, в течение почти одного часа, что если нас позовут, например, в номере гостиницы, мы не знаем где мы находимся и нам трудно даже найти телефон.

Стадия номер 4

Стадия номер 4 - очень важная стадия, потому что теперь наша автономная нервная система начинает производить рост гормонов. Легко понять, что детям нужно много спать и пребывать больше в стадии 4, когда они растут. Но, это также настоящий «период технического обслуживания», в течение которого взрослое тело «ремонтируется». Там где оно«поизносилось» и «сломалось», эти части заменяются. Наше тело постоянно изнашивается и различные клетки должны заменяться. Например, наш скелет постепенно обновляется в течение периода около 9 – 10 лет. Это также подходит к коже, волосам, ногтям и кишечнику. Каждая наша часть должна быть «капитально отремонтирована» и, следовательно, стадия 4 очень важна. Теперь легко понять, что нехватка стадии 4 опасна и может привести наше тело к преждевременному старению. Ночная работа требует того, чтобы работник знал об этом. Если нет, исследования показывают, что частые ночные полеты в сочетании со сбоем биоритмов могут уменьшить срок нашей жизни на, приблизительно, 10 – 15%.

Стадия номер 5

Так как стадия номер 5 может быть найдена во всех циклах, естественно заподозрить, что эта стадия также очень важна. Тесты, где испытуемому не разрешается получать стадию 5, выявили серьезные умственные проблемы для субъекта эксперимента. Стадия номер 5 называется REM (Rapid Eye Movements – быстрые движения глаз) период. Это также период сновидений. В этой стадии мы видим наши самые невероятные и ни на что не похожие сны. Умственная активность предельно высока. Намного выше, чем при заходе на посадку по приборам и посадке в сложных погодных условиях. Что происходит в течение стадии номер 5? Кто знает?

Я обычно объясняю это, сравнивая стадию номер 5 с предполетной проверкой в кабине экипажа, когда мы убеждаемся, что все компьютерные системы функционируют нормально. Может быть, в стадии номер 5 наша нервная система проверяется и активируется, соединяя все синапсы в нашем мозгу, и это может быть причиной того, что мы видим все эти глупые и невероятные сны. Проверяются двигательные функции наших глаз, а также тестируются наши сексуальные функции. У мужчин часто происходит эрекция на этой стадии, называемая «ночной эрекцией».

Другой период сновидений

Мы иногда видим сны в стадии номер 2. Эти сны более реалистичные. Мы можем, например, видеть сны, будто мы лежим в кровати и не можем уснуть. Эти сны на стадии 2 довольно часто случаются, если мы остаёмся в постели после того, как прозвонит будильник.

Что может вызвать проблемы нашего сна?

1. Расстройства сна могут быть ясным сигналом того, что мы находимся во временной **стрессовой** ситуации вызывающей бессонницу. Тогда мы пропускаем «спальный вагон», который оставляет нас стоять на платформе.

2. Если мы постараемся уснуть в **«неправильное время»**, мы упустим поезд.

Мы должны следовать правилам наших циклов.

3. Если мы **раздражаемся/расстраиваемся** тогда, вполне естественно, мы пробуждаемся на стыке между двумя циклами

4. **Впадение в сон требует энергии**.

Случается, что если мы слишком уставшие, мы не можем уснуть!

Когда мы прибываем на аэродром посадки после долгого полета в западном направлении легко поверить, что «если я не лягу спать до вечера, я буду настолько усталым, что буду очень долго спать и не проснусь слишком рано следующим утром».

Это неправильно. В результате мы получим проблемы с засыпанием и все равно проснемся рано утром. Мой совет таков: поспите в течение двух часов, когда вы чувствуете себя уставшим после прибытия. Потом вы уснете намного лучше, когда придет ночь. Эти два часа сна также дают полный цикл с важной стадией номер 4.

5. **Плохая для сна окружающая среда**. Неудобная кровать, слишком твердая или слишком мягкая, не достаточно широкая, вызывает проблемы. Если температура в комнате не комфортная или если недостаточно темно, может возникнуть проблема.

6. **Слишком много кофе**. Легко накопить слишком много кофе в течение дня, потому что, чтобы исключить 50% кофеина, который мы потребили нужно четыре часа. Чтобы быть уверенным в том,

что в нашей крови нет кофеина, когда мы собираемся спать, нам не следует пить кофе после 4 часов дня. Кофеин, смешанный с никотином, действует еще хуже.

7. Если вы очень любите пить кофе, у вас могут возникнуть проблемы с засыпанием или вы можете просыпаться в течение ночи из-за **воздержания** (*т.е. потребности в кофе*).

8. Чтобы утешить вас, я могу информировать вас о том, что исследование показывает, что мы часто спим больше, чем мы думаем. Из тех, кто определил себя как страдающего бессонницей, всего 50% тех, кто пробуждался больше , чем на 30 минут каждую ночь.

Мы регистрируем то, когда мы пробуждены, а не когда спим.

Вы можете даже видеть сон о том, что вы лежите в вашей постели и не спите.

Свет

Свет – это вид лекарства, которое сохраняет наше тело и его систему в состоянии баланса. Во время зимы некоторые люди страдают от зимней депрессии, и им рекомендуется принимать светотерапию.

Одно из преимуществ быть членом экипажа авиакомпании – это то, что мы можем набирать высоту сквозь дождевые и снегом наполненные облака и забираться на вершины облаков в ярком солнечном свете. Время от времени мы можем оставаться на аэродроме посадки, где намного больше света и солнца по сравнению со Скандинавией во время зимы.

Гормоны

Множество гормонов производится в нашем теле для того, чтобы управлять нашей жизнью, посылая сообщения к и от различных частей нашего тела. Гормоны принимают участие в управлении нашим сном.

Мелатонин

Когда темно наша автономная система получает информацию об этом и начинает производить седативный/успокаивающий гормон – мелатонин. Среди конусов и палочек на сетчатке мы имеем нейроглиевые клетки с протеином, называемые меланопсин, передающие информацию о темноте и свете в наш мозг. Так наши внутренние часы регулируются. Мелатонин в нашей крови информирует все части нашего тела, которые не могут видеть свет, о том, что сейчас: день или ночь и даже какое время года. Так наши почки, печень, кровяное давление и наш пищевод получают свою информацию.

Мелатонин может находиться в молоке. Особенно в молоке, которое надаивается утром. (Мать может сохранить любое содержимое молока при утреннем питании и дать его как вечернее питание. Это поможет ребенку уснуть).

Ацетилхолин

Другой гормон - ацетилхолин, также производится нашим организмом в темноте. Он препятствует передаче между синапсами. Мелатонин и ацетилхолин вместе делают нас расслабленными и сонливыми.

(Нехватка ацетилхолина – одна из причин болезни Альцгеймера, старческого слабоумия).

Эндорфины

Концентрация эндорфинов в кровеносной системе, помимо всего прочего, контролируется «часами нашего тела» также известными, как наши циркадные ритмы. Концентрация эндорфинов постепенно возрастает к концу дня и ночью. С раннего утра эта концентрация уменьшается. Тело готовит себя к работе и активности. Эндорфины, как и морфин, уменьшают боль. Когда мы страдаем от сильной боли или физического напряжения/стресса (например, при марафонском беге), производятся эндорфины. Когда мы смеемся, производятся эндорфины. Исследование английских ученых показывает, что эндорфины производятся при раскачивании в кресле-качалке. Эндорфины принимают участие в процессе лечения. Так, почему бы не сидеть радуясь в кресле-качалке вместо того, чтобы мучить себя бегом. Доктор как-то раз сказал мне, что если бы я мог смеяться постоянно в течение 10 минут, то мое восприятие боли было бы блокировано.

Проблема в том, что нужно много тренироваться, чтобы смеяться при страдании от боли.

Кортизол, Адреналин, Норадреналин и Допамин

Они все принадлежат к семейству гормонов стресса. Когда восходит солнце или вы включаете светильник, эти гормоны начинают делать свою работу, чтобы поставить вас на ноги. Когда темно, их количество снижается, а вместо них производятся мелатонина.

Серотонин

Недостаток серотонина приводит нас к проблемам со сном. Серотонон уменьшает боль и, как мелатонин, он является успокоительным и делает нас сонливыми. Серотонин помогает нам оставаться умственно сбалансированными. Слегка раздраженный человек часто имеет нехватку серотонина, также как у тех, кто пытается совершить самоубийство. Его нехватка также возрастает при потреблении алкоголя, никотина и других наркотиков. Также агония, страдания и депрессия являются причиной нехватки серотонина. Витамин Б6 и мед помогают воспроизвести серотонин.

Железо и медь

Нехватка этих минералов может привести к бессоннице и к эффекту, когда мы легко просыпаемся во время сна.

Лекарства/наркотики

В качестве лекарства для сна обычно используют алкоголь и/или пилюли. Важно знать, что когда лекарства используются для того чтобы уснуть, качество сна будет снижено и важные стадии номер 4 и 5 сильно пострадают. Цель не в том, чтобы спать без пробуждения. Цель в том, чтобы получить высококачественный сон.

Сбой биоритма

Наши циркадные ритмы, которые влияют на ритмы нашего сна, получают сигналы от гипоталамуса близко связанного с «рептильным мозгом». Как было сказано раньше, система была сконструирована миллионы лет назад, так что легко понять, как трудно это должно быть – отрегулировать эти очень древние часы. Следовательно, сбой биоритма будет ответом, когда, через несколько часов, мы меняем наше место на глобусе и пересекаем множество часовых зон. Если мы полетим из Европы на запад через Атлантический океан, наш ритм сна останется позади и нужны дни, чтобы «схватить» новый ритм. Нам нужно установить часы нашего тела с 6 на 9 часов вперед. Если мы полетим из

Европы на Дальний Восток, часы нашего тела должны быть установлены назад на много часов. Возможность выполнения этих установок происходит по-разному у разных людей. Некоторые люди находятся в наилучшей форме утром, некоторые вечером! Исследование ясно показывает, что большинство из нас имеют часы своего тела, которые установлены на 25 часовой период. Это наш будильник. Солнце сдерживает их на 1 час каждого 24 часового периода.

Это означает, что без каких-либо проблем мы можем «схватить» 1 час за день и, что если мы полетим на запад и пройдем 6 часовых поясов, мы легко адаптироваться к новому времени через 6 дней. При определенной тренировке мы можем сделать это быстрее.

Я говорил, что большинство из нас имеет естественный 25 часовой период. Но (и это важно!), некоторые имеют 26 часовой период, а некоторые 27 часовой период. Могут также быть и другой продолжительности периоды. Некоторые из нас имеют 24 или 23 часовые периоды.

Люди с 25, 26 и 27 часовыми периодами всегда имеют проблемы с подъемом утром. Человек с 24 часовым периодом не имеет проблем, а люди с 23 часовым периодом имеют большие трудности с регулировкой времени в западном направлении. Для людей с 25, 26 и 27 часовым периодом это намного легче.

Возраст означает многое. Когда мне было 16 лет у меня был 27 часовой период, а сейчас у меня 23 часовой период. Когда мне было 40 лет, я прошел 24 часовой рубеж. Молодые люди могут более легко адаптироваться ко времени нового аэропорта назначения по сравнению с более старыми людьми. Часто говорят, что труднее адаптироваться к новому времени, когда летишь на восток, чем на запад.

Мое объяснение такое - часы нашего тела изначально пытаются настроиться вперед. Так, если мы летим через 9 часовых поясов на запад, часы нашего тела отстают на 15 часов (не на 9) и должны переустановиться на 24 – 9 = 15 часов вперед, чтобы встретить новое время на новом аэродроме назначения. Это займет некоторое время даже для человека с 27 часовым периодом.

Управление биоритмами
Западное направление
Один метод, используемый пилотами летающими только между Скандинавией и Нью-Йорком, заключается в том, чтобы позволить

часам своего тела продолжить движение в соответствии с местным скандинавским временем. Они спят и едят так, как привыкли это делать дома. Для линейных экипажей это легко, так как они свободны в пункте возврата.

Для бизнесмена, который собирается работать на следующий день, метод должен быть другим. Когда, как пассажиры, мы летим из Европы в США, мы обычно улетаем утром. Питаемся и пьем, как обычно, и избегаем приема алкоголя. Когда вы прибудете в гостиницу для сна и поспите один (только один) цикл, вы получите стадию номер 4. Если необходимо, накройте свои глаза и используйте бируши. Поднимитесь, сделайте прогулку, поешьте легкой пищи, расслабьтесь и ложитесь в постель. Дальновидный пассажир заранее купил несколько бисквитов и делает себе завтрак, когда он встанет рано утром на следующий день. Посмотрите телевизор и идите спать и подождите наступления утра. Вы можете даже опять уснуть, так как по часам нашего тела наступает «время ленча».

Обратный рейс из США это обычно ночной полет и вы прибудете утром. На борту самолета примите легкую пищу, побольше выпейте (воды!), попытайтесь поспать или просто подремлите, укройтесь с головой одеялом и используйте бируши. Когда вы накроетесь одеялом, станет темнее и ваше тело почувствует себя лучше во влажном воздухе под одеялом по сравнению с очень сухим в салоне. Дома поспите 2 часа и получите другую стадию номер 4. Затем выйдите и дайте своему гипоталамусу зарегистрировать дневной свет. Около 4 часов дня совершите интенсивную прогулку или легкую пробежку. Затем температура вашего тела поднимется и благодаря этому вы поможете температурному циклу восстановить его местный ритм.

Восточное направление

Ночной полет из Европы на Дальний Восток – это нормально. Действуют те же процедуры, как и при полете из США в Европу: легкая еда, питье воды, использование одеяла и бирушей. Выбирайте рейс, который пребывает в пункт назначения утром. Затем вы можете лечь спать в гостинице и поспать один цикл.

Обратный рейс – это всегда ночной рейс (очень длинная ночь, так как вы путешествуете вместе с солнцем). Действует такая же ночная процедура, и попытайтесь поспать цикл перед полетом. Если вы прибудете домой утром, поспите 2 часа и получите важную стадию номер 4. Затем выйдите на улицу и дайте вашему гипоталамусу зарегистрировать дневной свет.

Около 4 часов дня проведите интенсивную прогулку или легкую пробежку. Затем температура вашего тела поднимется и, благодаря этому, вы поможете температурному циклу восстановить его местный ритм. Если вы прибываете днем, тогда восстановительная процедура должна подождать до следующего дня. Позвольте мне закончить одним очень важным советом:

«Не нужно делать так, как я предложил. Используйте ваши собственные процедуры, если вы всерьез чувствуете, что они подойдут вам лучше».

ГЛАВА 10
Защитные механизмы

Будучи читателем этой книги, вы время от времени замечали, что я ссылаюсь на защитные механизмы, как причину того или другого. Согласно Зигмунду Фрейду, мы все имеем различные типы защитных механизмов, чтобы защищать нас от тревоги, отвлекая от реальности каким-либо способом. Если они функционируют в пределах нашей культуры, они нормальны, хороши и необходимы.

Эти стратегии формируются на заре нашей жизни и сохраняются, **не**осознанно, в нашей «долгой памяти». Поскольку они неосознанные, то они выскакивают наружу неподконтрольно нам. Я напомню несколько стратегий, которые мы неосознанно используем в нашей повседневной жизни.

Отрицание

«Зарыть свою голову в песок». Когда внешняя реальность становиться слишком неприятной, чтобы ее переносить, мы можем отрицать то, что она существует. Медики видят и слышат это «отрицание», когда они говорят пациенту о наличие серьезных заболеваний. Люди, игнорирующие критику или те, кому нужна медицинская помощь, часто используют «отрицание».

Подавление

- Я не понимаю о чем вы говорите.

«Подавление» - это защита против внутренней угрозы. Мы защищаем себя от воспоминаний очень неприятных событий, просто забывая их. Даже если кто-то попытается пробудить вашу память, вы не вспомните этого: «Этого никогда не было».

Рационализм

- Это просто кислый виноград – сказала лиса.

Рационализм не означает, что мы действительно действуем рационально. Это просто неосознанная стратегия, которую мы используем, чтобы достичь ощущения рациональности. Рационализм служит двум целям:

1. Он облегчает наше разочарование, когда мы терпим неудачу в достижении цели.

«Я бы не пошел на ту вечеринку, даже если бы меня пригласили»

«Даже если бы я получил Нобелевскую премию, я бы не принял его, потому что это помешало бы моим творческим способностям».

2. Он обеспечивает нас приемлемой мотивацией.

«Эта система сближения с землей похоже врет. Я пилотирую точно в соответствии с инструкциями».

«Дорогая, я думаю нам нужно купить новую машину, потому что я заметил немного ржавчины под крыльями. Значительно дешевле купить новую, чем начинать ремонт старой».

Для того, чтобы иметь причину для перемен и вложений капитала, даже большие компании, такие как авиакомпании, используют «рационализм», когда готовят бюджет.

В рекламах мы можем найти превосходные рациональные предложения для потребителя.

Отбрасывание

- У меня был глупый инструктор. Вот почему я не прошел проверку.

«Отбрасывание» - это бессознательный механизм того, чтобы защитить нас от осознания наших собственных нежелательных качеств путем приписывания их другим или чему-то еще.

- Тренажер никогда не ведет себя как самолет.

Отдельные люди или группа людей могут использовать «отбрасывание», возлагая всю вину на «козла отпущения».

Использование «отрицания» и «отбрасывания» становятся реже по мере нашего взросления. Дети используют это намного чаще, чем мы. Это почти искренне и даже очаровательно: «Это не я разбил окно, это камень».

«Простите за опоздание, но ушло много времени на расчет при отъезде из гостиницы» или   «Я был вынужден ждать лифт».

Вы осознаёте это?

Нужна храбрость, чтобы признать ошибку.

Трудно сказать: «Простите за позднее прибытие, я слишком поздно вышел».

Регрессия/возврат к прежнему состоянию/

Регрессия означает, что мы ведем себя так, как делали это, когда мы были моложе.

Регрессия может также использоваться, как защитный механизм. Классический пример – трехлетний ребенок, которого успешно научили ходить на горшок, но начинает мочиться в пастель, когда появляется новорожденный. Он также может начать опять питаться грудью. Это нормально. Он уверен, что родители его больше не любят, так как они очевидно повернули свою привязанность и любовь к другому. Он бессознательно верит что: «Если я буду вести себя так, как я делал это, когда мне был один год, я верну их внимание». Просто дайте ему эту любовь и внимание и он станет трехлетним мальчиком опять.

Пассажиры, голодные или напуганные полетом, иногда регрессируют и ведут себя как дети для того, чтобы привлечь внимание.

Разочарование может иногда заставить нас ругаться, кричать или даже начать драться (поведение ребенка, рептильное поведение). Подшучивание, рассказ историй, смех, питье пива – это вид регрессии, но осень позитивный вид регрессии, который нам нужен. Что мы видим на хоккейной площадке или на футбольном поле, когда забивают гол, это тоже позитивная регрессия и она не рассматривается, как защитный механизм.

ГЛАВА 11
Холокост и человеческий фактор

Что должен Холокост сделать с «человеческим фактором»?

Итак, я пишу это 27 января 2000 года. 55 лет назад в этот день был освобожден лагерь смерти в Аушвице. В живых осталось всего несколько человек. Это побудило меня задуматься над следующим:

1. Почему европейские страны не отреагировали вовремя?

2. Как все это смогло случиться?

Когда новость о том, что случилось, легла на столы для утреннего завтрака в 1945 году, миллионы людей отреагировали на факты говоря: «Это неправда». Почему? И как могут люди сегодня из нацистских партий все еще рассматривать десять лет ужаса, как ложь пропагандистов?

1. Когда люди отворачиваются или говорят, что это неправда, это может быть защитный механизм, называемый «отрицание и подавление», который бессознательно выскакивает, чтобы уберечь нас от стресса и беспокойства. Это иногда называется «Апатия праздного наблюдателя».

2. Когда человек попадает в состоянии сильного стресса, его мозг отреагирует и начнет борьбу за выживание. Правый полушарий, который более легко поддается влиянию, и более уязвим медленно «умрет» и потеряет свою социальную способность ощущать состояние других людей. Эмпатия к людям теряется.

Левый полушарий мозга, который, с точки зрения эволюции, значительно старше и менее уязвим, сможет принять решение и это принятие решения сконцентрируется на Эго. Мы начинаем драться за выживание и рассматривать других людей, как объекты, не имеющие никакого значения. Когда правый полушарий «молчит», левый полушарий работает и трансформирует нас в психопатов. (Многие из выживших в катастрофе парома «Эстония» в своих показаниях не могли понять, как они реагировали и отворачивались , когда другие взывали о помощи).

Если в состоянии стресса «убийство» правого полушария мозга происходит у отдельно взятого человека, этот человек может придти на помощь. Если целая нация попадает под воздействие стресса – это опасно. В результате может вполне произойти холокост.

Также маленькие группы людей в состоянии стресса могут формировать преступные и жестокие группировки. Школьники сходят с ума, когда разочарованны. Пассажиры на борту сходят с ума (все крушат, не подчиняются, нарушают правила) когда разочарованы. Если ваш «человеческий фактор» убит, мы можем реагировать хуже, чем звери.

ГЛАВА 12
Ярость на борту

Ярость – преступный и неуправляемый гнев; продолжающийся без контроля.

Введение

Все члены экипажа знакомятся с «человеческим фактором» и учатся на практике применять CRM. Летные экипажи и кабинные экипажи учатся взаимодействовать эффективно. Они учатся управлять процессами общения и стрессом, принимать решения, справляться с конфликтом и так далее. Может быть «человеческий фактор» для пассажиров и психологии потребителя – это забытая глава? Мы все ожидаем мирной общественной жизни, вежливости и пассажиров с хорошими образованием и манерами на борту самолета. Но исследование показывает, что один пассажир из 4 миллионов становиться проблемой для экипажа. Проблемы вроде таких: брань и нападение на летный экипаж и других пассажиров, сексуальное домогательство, преступление и пренебрежение к правилам безопасности.

В течение нескольких лет авиационная индустрия заметила, что это растущая проблема на борту их самолетов, в аэропортах, в залах ожидания на вылет и по прилету. Чем дольше полет, тем больше самолет, тем выше риск пассажирского правонарушения. Группы на борту имеют тенденцию создавать проблемы. Мы можем заметить, что в течение 90-х годов, когда «ярость на борту» становиться проблемой, были сделаны следующие изменения в отношении пассажирской окружающей среды:

1. Запретили курить на борту.

2. Увеличили число пассажирских мест с меньшим пространством для наших заказчиков

3. Уменьшили вентиляцию с повторным использованием воздуха в салоне, который уже использовался.

4. Ухудшилась вентиляция на земле из-за ограничений использования вспомогательной силовой установки (ВСУ).

5. Появились более сложные и вызывающие стресс аэропорты с провоцирующими проверками со стороны авиационной безопасности.

6. Стали использовать минимальное количество членов кабинного экипажа/бортпроводников

7. Уменьшили комплект бортового питания, а на некоторых маршрутах с низкой ценой за билеты вообще отменили.

8. Стали более долгие и частые задержки, чем раньше.

9. Стали отменять рейсы в сбойных ситуациях, когда заказано на рейс слишком мало билетов, и пассажиры вынуждены ждать следующий рейс.

Вы, возможно, найдёте и другие примеры. По-моему, важно помнить об этом при обсуждении проблем, связанных с потерей контроля пассажирами. Могут эти изменения быть «воротами» к измененному пассажирскому поведению? Мы должны помнить, что большинство из этих изменений было совершено авиакомпаниями для того, чтобы выжить, снизив свои цены.

Физиологический фон

Вы, вероятно, уже прочитали в этой книге то, что я говорю о правом и левом полушариях и как они управляют рептильным мозгом. Правый полушарий содержит два важных элемента в отношении «ярости» (ярость на борту ВС, спортивная ярость, дорожная ярость, учебная ярость) называемые «эмпатия» и «ситуационная осведомленность». Когда люди находятся в состоянии сильной депрессии, правый полушарий будет заблокирован и эти два важных элемента теряются. Когда человек теряет «эмпатию» и «ситуационную осведомленность», он будет действовать и вести себя как животное, а не как человек. Его «рептильный мозг» захватит власть и этот мозг может выбирать только из трех решений:

1. Я должен остаться и драться?

2. Я должен спасаться и убегать?

или

3. Я должен остаться и подчиниться?

Решение 1 принимает пассажир, разъяренный от бесконтрольного гнева. Решение 2 может принять пассажир очень тихий и это заставит его спрятаться под одеялом. Решение 3 создается сексуальным желанием, а результатом может быть сексуальное домогательство, включая нежелательное прикосновение или ощупывание, сексуальное оскорбление/или сексуальное приставание.

1. Пассажиры были оштрафованы в суде за «публичное хулиганское поведение» на борту ВС.

2. 27 летний мужчина был осужден на 1 год тюремного заключения за сексуальное оскорбление женщины на рейсе сингапурской авиакомпании.

3. Другой мужчина был обвинен в сексуальном контакте с 7-летней девочкой на борту Северо-западной компании. Он получил 6 месяцев тюрьмы.

Психологический фон

Сейчас люди находятся в большем состоянии стресса на работе и дома по сравнению с несколькими десятилетиями назад. Итак, пассажиры совершающие посадку на наш самолет несут уже много фонового стресса, когда начинают свое путешествие из дома. Некоторые даже близки к стадии истощения, включая изменения в отношении к жизни, проявляемые как негативное отношение и любопытство, циничное и грубое отношение к вещам, происходящим перед их глазами. Они, вероятно, сознательно или бессознательно разочарованы по многим причинам и могут употреблять лекарства, наркотики и/или алкоголь. Эти люди, конечно, очень уязвимы, когда они входят в стресс, который, как мы все знаем, существует в связи с воздушным путешествием.

Давайте посмотрим на внутренний личный опыт взаимодействия пассажиров, связанный с их путешествием. Вы уже читали о «трансактивном анализе» и узнали, что взаимодействие «родитель-ребенок» легко становится причиной стресса или конфликта. Штат авиакомпании, беседующий с пассажиром, но глядящий на экран компьютера – это другой пример плохого взаимодействия, формирующего нелегкие чувства. Затянувшееся взаимодействие на уровне «родитель-ребенок» довольно часто становится причиной, вводящей собеседника в подавленное состояние.

Как-то раз бортпроводница спросила меня о причине поведения 40-летних мужчин наподобие 6-летних мальчишек, когда они приходят на борт самолета. Мой ответ – регрессия/подавление. Как на пассажира воздействует сигнал будильника пока он сидит пристегнутый в кресле? В течение, по крайней мере, 3-х часов, что пассажир отмучился от взаимодействия «родитель-ребенок», он неосознанно вошел в стадию регрессии, назад в состояние ребенка. Поэтому он отреагирует либо как послушный или как непослушный ребенок. Если голодный «ребенок» после поспешного завтрака, для того чтобы успеть на ранний самолет, получает питание на борту, то будет даже хуже, так как это займет некоторое время на сервировку питания, если оно вообще имеется. Ярость на борту обычно связывается с ситуацией, где пассажир испытывает неудобство при обслуживании. Они становятся разочарованными. Разочарованный ребенок бросается на пол и кричит. Взрослые люди при регрессии встают и кричат. Те, кто редко летает зачастую входят в самолет с ожиданием, что там роскошно и даже нереально. В газетах и журналах они видят раздутые рекламы , где авиакомпании показывают фотографии пассажиров в удобных креслах с превосходно сервированным питанием, а рядом улыбающаяся бортпроводница. Реальность довольно сильно отличается от этого.

В Швеции и, возможно, во многих других странах, обычные психиатрические дома закрываются, так как обитателям предписывается заботиться о самих себе в открытой социальной среде. Некоторые из них покупают билеты авиакомпаний и получают место на самолете.

Психологические расстройства, алкоголь и наркотики могут воздействовать на поведение и заставлять людей проявлять насилие словесно или физически. Само здание и процедуры в аэропорту, уровень шума, информационная перегрузка, переполненные людьми зоны и длинные очереди на регистрацию, проверки службы авиационной безопасности и посадка на самолет, ощущение того, что ты упустил объявления из громкоговорителя, запрет на курение (наблюдения показывают, что 50% насилия на борту могут быть отнесены к запрету на курение в аэропорту и на самолете), задержки рейсов, отмененные рейсы, продажа большего количества билетов, чем мест на самолете, нехватка своевременной информации и т.д. вызывают стресс и заставляют пассажира испытывать беспокойство. Подсознательное ощущение потери какой-то целостности и того, что становишься пешкой в игре или просто номером в толпе вызовет гнев и стресс. Франц Фанон, французский психиатр, говорит, что думают о чем-то важном. Он определяет насилие, как очищающую силу, которая *«очищает нас от наших комплексов неполноценности, это делает нас бесстрашными и восстанавливает наше самоуважение».*

50% пассажиров страдает от аэрофобии/страха перед полетом. Они чувствуют неудобство, связанное с предстоящим полетом или в большей или меньшей мере боятся лететь. Многие из них находятся в состоянии сильного стресса во время посадки в самолет.

Линейный экипаж изучает усталость, стресс, часовое различие, шум, вибрацию, уменьшенное давление кислорода, что есть и пить. Пассажиры – нет. Они не знают даже, как алкоголь, наркотики и медикаменты повлияют на них в сочетании с уменьшенным потреблением кислорода. Пассажиры голодные, испытывающие жажду, усталые, вспотевшие, замерзшие и не в силах найти туалет, который им нужен. Голодный человек, особенно голодный мужчина, отреагирует на низкий уровень сахара в крови слабостью, раздражительностью и может легко потерять контроль, когда разочарован или находится в вызывающей стресс окружающей среде.

Анжела Далберг пишет в своей великолепной книге «Ярость на борту самолета»: «Клиенты платят больше, чем деньгами: они платят стрессом, расстройством, гневом и, временами, медицинским и эмоциональным вмешательствами, связанными с полетом, который затягивается значительно больше запланированного путешествия».

То, что было сказано обо всех этих источниках стресса, которые работают в мыслях пассажиров, не умаляет их вины за плохое поведение и недостаток цивилизованности. Как говориться, они просто раскрашивают фон для своего грубого поведения. Без таких знаний невозможно выяснить, как с некоторыми из тех неправильных пассажиров следует обращаться. Чтобы снять их с борта перед вылетом или после незапланированной посадки, оштрафовать их в суде и осудить их на годы в тюрьме должна быть специальная процедура. Пассажиры должны быть проинформированы о риске, который они берут на себя, будучи непослушными, не выполняющими указания и когда они плохо себя ведут на борту самолета.

Особый пример. Пассажир, мужчина, который в Южной Африке в 1999 году был осужден на   5 лет тюрьмы за отказ застегнуть ремень безопасности на своем месте и за не обращение внимания на демонстрацию спасательных средств.

Многое может сделать экипаж: и кабинный и летный, но мы должны помнить, что и они могут также страдать от большинства источников стресса, которые связываются с воздушным транспортом:

1. Не курить на борту (плохо для курильщиков, хорошо для некурящих).
2. Увеличенное число пассажирских кресел с меньшим пространством для обслуживания.
3. Уменьшенная вентиляция с повторным использованием уже использованного кабинного воздуха.
4. Плохая вентиляция на земле из-за ограничений по использованию вспомогательной силовой установки.
5. Слишком усложненные и вызывающие стресс аэропорты.
6. Сокращенный кабинный экипаж.
7. Более долгие и частые задержки, чем раньше.
8. Больше стресса на работе и дома по сравнению с несколькими десятками лет назад.
9. Усталость, вызванная сбоем биоритмов.

Они все проходят отбор и должны быть физически сильными и психологически сбалансированными, но есть предел того, сколько стресса они могут перенести перед проявлением эмпатии и вдохновенного обслуживания, от которого будут страдать. Возможно, тысячи случаев проявления ярости на борту были остановлены членами экипажа, работающими великолепно. Люди, нацеленные на обслуживание и имеющие богатый опыт, могут сделать многое, чтобы предостеречь пассажиров от совершения преступления. Просто, взглянув на каждого человека на борту самолета, дайте им отличительный признак и сгладьте их негативные ощущения, вызванные каким-нибудь плохим обслуживанием, перенесенным перед посадкой на борт самолета. Ищите симптомы стресса и предоставьте таким пассажирам особое внимание и сервис. Заботливое обращение с такими пассажирами – это, в действительности, также хорошее обслуживание других пассажиров. Помните, что я говорил о подавленных пассажирах, приходящих на борт. Все общение, в обоих случаях: человека с человеком и через громкоговорители, должно быть на уровне «взрослый-взрослый». Целью для летного и кабинного экипажа должно быть то, что когда пассажиры покидают самолет, они должны покидать его как взрослые. Все наше общение с нашими клиентами должно отражать доверие и уважение. Авиакомпания, которая может вселять такое ощущение в своих клиентов уменьшит число инцидентов проявления «ярости на борту» (агрессии) и продаст намного больше билетов в будущем.

Командир играет важную роль

Я знаю, что многие ассоциации пилотов придерживаются мнения, что командир самолета должен закрыться в кабине и не принимать участия в ситуации проявления «ярости на борту». Мое личное мнение противоположно этому. Конечно, ему полагается участвовать в полете. Если происходит драка, то всегда имеется несколько сильных пассажиров, которые помогут кабинному экипажу.

Мой личный опыт таков: другие пассажиры всегда поддержат экипаж в ситуации проявления ярости на борту. В одном таком случае многие пассажиры дали мне свои визитки и сказали, что они поддержат меня, если я встречу проблемы в результате своего решения и действий в связи с инцидентом, связанным с «яростью на борту».

Случай №1

Когда я летал на DC-9, авиакомпания SAS регулярно выполняла чартерный рейс из Каллакса на севере Швеции в Стокгольм, аэропорт Арланда, каждую пятницу вечером. Нашими пассажирами были молодые люди, военнообязанные, которых посылали домой на выходные. Эти сильные молодые мужчины причиняли много проблем на этих рейсах. Причинение вреда интерьеру и сексуальные домогательства к кабинному экипажу были обычным делом. Конечно, только несколько из них причиняли нам беспокойство, остальные вели себя нормально. Типичное поведение группы. Они хотели произвести впечатление на других. Когда они призводили посадку на мой самолет, я всегда стоял у трапа самолета и смотрел в глаза каждого из них и просто, потому что я делал это, они вели себя цивилизовано на рейсе до Стокгольма. Оставив свою кабину я препятствовал их хулиганским действиям.

Случай №2

У меня был полет из аэропорта А в аэропорт Б, оба в Швеции, и затем в Копенгаген, Данию. В аэропорту А пассажиры до Копенгагена могли купить беспошлинные товары. Во время посадки на самолет бортпроводница и я заметили двух мужчин, моряков, собирающихся в Сингапур, которые были слегка пьяными, но бортпроводница согласилась их взять. Во время пробега после посадки в аэропорту Б, она вошла в кабину и сказала, что теперь они в состоянии сильного опьянения, после употребления приобретенного алкоголя в магазине беспошлинных товаров и, что они отказались пристегнуться в своих креслах при посадке.

Я немедленно взял мой микрофон связи с пассажирами и, на рулении, объявил своим пассажирам, что из-за небольших технических проблем все пассажиры должны покинуть самолет и взять свой ручной багаж, когда мы встанем на стоянку. Затем я взял микрофон внешней связи и попросил прислать двух полицейских, готовых снять с рейса этих двух пассажиров с их сумками и, затем, сразу, посадить на самолет оставшихся пассажиров. Я проинформировал моих пассажиров о своей лжи. Мы взлетели во время и не имели никаких проблем со снятием этих двоих с самолета.

Случай №3

Во время посадки пассажиров старшая бортпроводница пришла в кабину и сказала мне, что у них есть пассажир, который не может воздержаться от «нежелательных сексуальных прикосновений», когда проходит мимо них в буфетной. Я покинул свое кресло, прошел к мужчине и сказал, что он должен будет покинуть самолет, если не будет вести себя пристойно. Он извинился и пообещал вести себя хорошо, но продолжил вести себя по-прежнему. Мой второй пилот и я вытащили его из самолета, закрыли дверь и улетели. Мое решение было трудным для исполнения, потому что его жена осталась на борту. Впоследствии она поблагодарила меня за мое решение.

Случай №4

Во время долгой задержки рейса на DC-8 старший бортпроводник заметил типичного алкоголика среди пассажиров. Когда бортпроводница отказалась дать ему алкоголь, он начал становиться невыдержанным. Тогда старший бортпроводник сказал ему: «Если вы сядете тихо и не скажите ни слова в течение двух часов я дам вам виски». Пассажир пристально взглянул на свои часы и, после двух часов, он медленно поднял свою руку и получил свои виски. С такой двухчасовой паузой мы смогли достичь нашего пункта назначения без проблем.

Комментарий

Это должно быть сказано.

Ужасная воздушная катастрофа 11 сентября 2001 года не была «яростью на борту» (агрессией), созданной неконтролируемым умом. Это был пример «ярости на борту» созданной очень контролируемым и злым умом. В результате большинство авиакомпаний решили держать дверь кабины закрытой на замок. Как подействует это решение на управление ресурсами экипажа? Мы все говорим об этом, так как это важно.

Короткая история

Нарушение операционных процедур часто видеться, как наиболее обычная причина АП. Но мы должны помнить, что иногда нарушение может вести к тому, что инцидента можно избежать. Согласно учению доктора Хелмрича безусловно имеются различия в культурах в разных районах мира, влияющие на безопасность полетов. Одно интересное различие – это то, что называется «Отличие в отношении правил и порядка». До какой степени пилот следует правилам и инструкциям. Было установлено, что англоговорящие пилоты нарушают правила значительно легче, чем пилоты с Дальнего Востока. А в середине диаграммы мы находим пилотов из Европы. Это может быть потому, что англоговорящие пилоты считают, что легче понимают смысл, фон и причину специфического правила. Из-за этого оно может быть легче «отправлено на второй круг»?

Очень интересное заключение – это то, что в районах, где мы можем найти наибольшее число АП, мы можем также найти пилотов, которые больше всего бояться нарушать правила, установленные своими авиакомпаниями. В связи с этим, как опыт, я расскажу свою историю. Очень холодной зимней ночью мы взлетели из аэропорта Арланда на DC-9, курсом на юг. В облаках, в наборе, проходя эшелон 180, мы получили сигнализацию о том, что **маслофильтр правого двигателя засорен**. Чек-лист (карту контрольных проверок) по данному отказу легко было вспомнить и выполнить: уменьшить мощность и, если сигнализация продолжает работать, остановить двигатель. Мой второй пилот зачитывает чек-лист. После уменьшения мощности, сигнализация продолжает гореть. Он спросил меня, следует ли ему выключить двигатель. Я ответил: «Нет», потому что теперь мы также имели сигнализацию **«Маслофильтр левого двигателя засорен»,** и мне не хотелось приземляться где-нибудь в лесу с двумя неработающими двигателями.

Когда я говорил «нет», я нарушал правила и инструкции.

Следующий мой приказ был напротив: «Уменьшить мощность левого двигателя и включить нагреватель топлива». Сигнализаторы погасли и мы продолжили полет. После посадки я доложил о влаге в маслосистемах. (Маленькие капельки воды в масле замерзли и стали причиной блокировки маслофильтра. Нагревателем топлива маслофильтры были нагреты теплым топливом и капельки воды растаяли. Обычно, холодное топливо использовалось для того, чтобы понизить температуру масла. На этот раз я действовал против правил и использовал системы в обратном направлении). Это не единственный случай, когда я повышал безопасность полетов, нарушая какое-то правило.

Придерживайтесь правил! Но, когда вы испытываете сильное чувство, что это неправильно, вы, вероятно, правы.

Глава 13

Хороший учитель, инструктор, оратор

Педагогическое мастерство начинается с уровня компетенции учителя. Он или она должны быть знающими и хорошо подготовленными по предмету, который преподается. Обучение является эффективным только когда воспринимается студентами. Эффективное обучение может быть достигнуто только тогда, когда студенты уважают знания и способности преподавателя.

Чтобы быть компетентным инструктором по человеческому фактору CRM, вы должны быть высококвалифицированным специалистом. Вы должны быть хорошо натренированными и широко открытыми к предмету, на голову выше ваших студентов. Если бы знания были единственным критерием, то я бы сказал, что преподавательское мастерство легко достичь. Но, преподавательское мастерство требует чего-то большего. Оно требует высокой преданности педагогике.

Я рассматриваю **преданность как точную противоположность самодовольству**.

Разница между хорошим и отвратительным учителем часто лежит в его степени преданности делу. Преданный учитель – это тот, кто видит в обучении позыв к обновлению знаний и навыков своих студентов. Он рассматривает обучение по «человеческому фактору», как мощный инструмент, чтобы помочь студентам построить древо знаний, которое будет полезно им всю жизнь. Он направит усилия на то, чтобы исследовать пути создания проводящей окружающей среды, чтобы подбодрить и дать возможность своим студентам учиться эффективно. Многие из нас, возможно, шли наперекор преподавателям, лекторам, профессорам, которые вызывают скуку. Есть преподаватели, которые могут усыпить вас быстрее, чем сонные пилюли. Но мы, бывало, шли наперекор и преподавателям, которые могут сделать обычную понятную тему так мило и интересно, что хочется, чтобы занятие продолжалось подольше. Это преподаватели с великолепными преподавательскими способностями. Многим кажется, что этим учителям дарован от рождения природный талант учить эффективно. Ничего не добавишь к правде. Эти учителя экстраординарны в ощущении, что они готовы идти еще дальше, чтобы собрать материал для своих уроков и представить их аудитории самым хорошим и интересным образом. Это учителя, которые постоянно изучают психологию поведения обучаемого для того, чтобы сделать его обучение более эффективным. Они те, кто берет дополнительное время, чтобы полностью приготовить свои уроки и приправляют их иллюстративными и юмористическими примерами. Они знают, что самые лучшие уроки в мире будут бесполезны, если не прочитаны эффективно. Это учителя, которые прикладывают усилия, чтобы сделать обучение более приятным. Чтобы преуспеть в преподавании, вы должны повышать знания до уровня вызывающего уважение. Этот уровень может быть достигнут быстро, если вы собираетесь в будущем серьезно заниматься данным предметом путем обновления и увеличения знаний по самым последним событиям, связанным с вашим предметом.

Самые лучшие учителя – это также великие мотиваторы. Такие учителя знают, что похвала, выражение понимания усилий студента будут стимулировать его работать лучше. Они рассказывают вдохновляющие истории, чтобы мотивировать своих студентов к повышению уровня своих академических знаний. Они преподают, очаровывая студентов связью академических знаний с реальным миром. Позвольте мне процитировать то, что я написал ранее:

«Инструктору или учителю следует не передавать знания, а создавать ощущение, что «его предмет интересный и нужный для вашего образования в будущем». Тогда его студенты услышат и начнут собирать его учение. Учителя, родители, лидеры никогда не должны забывать, что они формируют отношение».

Глава 14
Взгляды на управление летным экипажем современными автоматическими системами

Много было сказано и сделано исследований по проблемам взаимодействия пилота с новой техникой на борту самолета.

По этой причине даже происходили авиационные происшествия, а выражения: «конструктивно привнесенные ошибки» и «конструктивно привнесенные происшествия» являются новыми в словаре нашей индустрии. Я могу сослаться на исследование NASA, проведенное в 1989 году:

«Экипажи более автоматизированного самолета описывают порядок действий, как требующий большего умственного и физического напряжения, что создает значительно более высокую рабочую нагрузку».

На крейсерском режиме рабочая нагрузка уменьшается, но она возрастает при предполетной подготовке и при заходе на посадку после изменения условий захода (*ввод данных в FMS*). Важное отличие заключается в том, что ошибочно введенная точка маршрута может быть не выявлена в течение нескольких часов.

Неверно набранный курс в DC-9 будет замечен сразу. Это может создать конфликт между решениями основанными на навыках и основанными на знаниях. (Фестингер Л.,1957).

Позвольте мне пояснить.

Навыки пилота – это важный элемент в создании безопасного пилота. Пилоты имеют способность тренировать и использовать свою моторную память. Их учат управлять самолетом в трех измерениях. Они используют свои кисти рук, сами руки, ступни и ноги. Они хватаются за ручки и поворачивают выключатели. Пилоты привыкли получать немедленный ответ на свои действия и, при определенном опыте управления самолетом, они чувствуют себя интегрированными в единую систему самолета. Пилоты обычно очень плохо печатают. Хорошая машинистка может (или могла), на огромной скорости, на пишущей машинке, преобразовать написанный рукой текст в читаемые буквы. Она может делать это, не глядя на свои пальцы, и при этом даже отвечать на короткие вопросы, не переставая печатать. Оба, и пилот, и машинистка, являются профессионалами в своем деле. Они оба используют свою моторную память, но это не означает, что они могут включать оба виды деятельности. Я думаю, что проблемы, которые встали перед экипажем в связи с использованием более изощренной автоматики, могут относиться к совершенно различным видам принятия решения.

Бортовая автоматика обычно должна быть работоспособной. Она повышает безопасность, она снижает рабочую нагрузку и это экономично. Это, вероятно, правильно. Но, важно отметить, что нет другого оборудования и аппаратуры, за которой наблюдали бы так тщательно после ее внедрения, как за этой новой автоматикой.

Наш человеческий компьютер
который я называю КМУ (компьютер между ушей), содержит два важных «компьютера»: компьютер базы данных («Долгая память» с восприятием) и компьютер, управляющий действиями («Моторная память» с навыками).

Компьютеры самолета
Защитой для безопасности людей является бюрократия, (Мокснес, 1978 г.) и бюрократия легко создает компьютер базы данных наших действий и наших мыслей через параграфы, автоконтроль, компьютеры, правила и инструкции. Итак, мы получаем больше правил и инструкций и больше бюрократических компьютеров на борту и на земле, чтобы помочь нам в нашей работе и в нашем принятии решений. Но помощь ли это на самом деле? Нет, по Франку Х. Хокинсу, с которым я полностью согласен, «это может отразиться на действующей безопасности полетов также, как и на чувство удовлетворения своей работой».
(«Человеческий фактор в полете», 1987 г.)
Также имеется большой риск того, что все введенные в FMS данные помешают использованию нашего натренированного «Моторного компьютера» (*Моторной памяти*)! Вместо того, чтобы учить пилотов наблюдать, мы надеемся избежать инцидента печатая множество предупреждающих знаков и устанавливая всё больше и больше автоматических приборов и компьютеров на борту. Но достаточно ли мы понимаем, что пока автоматика исключает одну потенциальную человеческую ошибку, она привносит другие? Частота человеческих ошибок может быть уменьшена, но их последовательность может быть иногда увеличена (Хокинс, 1987 г.). Во многих случаях использование бортовых компьютеров может открывать или мостить дорогу к самодовольству. Наша нервная система требует постоянной

стимуляции для того, чтобы сохранять свои характеристики на разумном уровне общей эффективности. (Бродбент, 1971 г.) Мы – человеческие существа. Мы действуем, функционируем, думаем и решаем проблемы путем использования нашего «МДУ-компьтера».

Всегда есть люди, которые используют его хорошо, но некоторые делают это не так хорошо. Как инструктор, я встречал пилотов, которые, в течение многих лет, работали в среде, требующей держать множество данных в памяти. Очевидно, эти пилоты работали так в течение такого долгого периода времени, что позднее у них возникли большие сложности по управлению пассажирским самолетом вручную при достаточной степени летного мастерства. Их «Моторный компьютер» не был натренирован на новую роль.

Что для вас летное мастерство?

Для меня это хорошо выполненное использование «МДУ-компьютера» и самолетных компьютеров.

- это комбинация навыков, знаний, информированности и честности. Каждый из нас имеет всё это в разной степени. Это можно развивать (Карпентер, 1987 г.)

«Я полагаю, что летное мастерство – это вид врожденного понимания природы того, что вы делаете, не просто бездумно следуя установленным правилам или процедурам» (Джоб,1987 г.)

«Через свои ощущения пилот принимает информацию от различных источников, таких как приборы, внешний мир, самолетная документация, радиосвязь и так далее. Эта информация должна быть правильно воспринята, составлена в единое целое и совмещена со справочной информацией, которая хриниться в памяти пилота, для того, чтобы принять решение относительно безопасного продолжения полета» (Ли, 1987 г.)

Мы должны учиться отбору

Конечно, мы должны устанавливать компьютеры и автоматические приборы на борт самолета. И мы должны уживаться с множеством инструкций. Они нужны и ценны. Но мы должны научиться отбирать те особенности, которые дают нам более высокие характеристики как человеческим существам. Мы не должны попадаться в ловушку использования всех их возможностей, просто потому, что производитель электронного «шедевра», не может остановиться на линии границы того, что действительно нужно. Мы должны научиться определять желаемую, а не возможную степень автоматизации. (Кейзар, 1985 г.).

У меня дома есть стиральная машина с 11 электронными программами, из которых я использую только 3. Я также имею персональный компьютер и если бы я использовал все функции, объясненные в инструкции, я бы сидел нажимая на клавиши каждый день в течение долгих часов. Дома мы, вероятно, можем установить предел для «использования ненужной базы данных» (ИНБД), но какова ситуация на борту самолета? Например, вдруг наземный диспетчер дает мне команду лететь прямо на новый радиомаяк, я выбираю его частоту, проверяю сигнал и разворачиваюсь на него. Это занимает 10 секунд. Мой же второй пилот настроен использовать ИНБД и начинает нажатие клавиш на GPS. Он вводит данные и получает данные. Он подтверждает и вводит и, когда я уже установил курс на маяк в течение минуты, он гордо предлагает мне использование зональной навигации. Искусственный интеллект никогда не должен использоваться как единственный способ взаимодействия. Он должен использоваться только для трудных и экономящих время операций. И это должна быть согласованная операция между компьютером и человеком.

Позвольте мне процитировать выдержку из моего доклада на международном семинаре FSF (Flight Safety Foundation – организация по безопасности полетов) в Риме в 1990 году

Командир самолета DC-9 выполняет заход на посадку на одном из наиболее горных аэродромов северной Норвегии – Тромсё. Из-за гор наклон глиссады снижения очень крутой. Ветер на заходе попутный. Посадочная полоса короткая и имеет низкий коэффициент сцепления из-за наличия снега и льда на ней. Его второй пилот выполняет свой первый полет на данный аэродром, поэтому опытный и натренированный командир показывает как надо производить полный расчет в деталях и выполняет очень точный заход на посадку.

Из-за попутного ветра и крутой глиссады вертикальная скорость снижения при полете на глиссаде по ILS с расчетной скоростью составляет 1100 футов в минуту. На высоте 1000 футов второй пилот делает доклад: « 1000 футов, не стабилизированный (заход)» (Согласно SOP максимальная вертикальная скорость снижения должна быть не более 1000 футов в минуту при стабилизированном заходе на посадку)

Будучи под облаками и визуально наблюдая посадочную полосу, командир намеренно покидает крутую глиссаду снижения, сознавая что подход к полосе с углом 2,5 – 3 градуса создаст наикротчайшую посадочную дистанцию. Это действие в сочетании с горными условиями перед порогом ВПП включает предупреждающую сигнализацию системы GPWS (СРПБЗ – система раннего предупреждения близости земли): «Глиссада, глиссада, глиссада», а затем: «Скорость снижения, скорость снижения, скорость снижения».

Наш командир выполнил заход на посадку, используя 35-летний опыт. Он правильно воспринял все имеющиеся факторы в реальной ситуации и использовал всю информацию как профессионал.

Другими словами, он продемонстрировал летное мастерство.

Слишком большое использование искусственного интеллекта:
1. Мешает повышению способности пилота принимать решения;
2. Мешает процессу обучения, и
3. Мешает становлению пилота, как летчика (Кристоферсон, 1988 г.)

Многие люди, и на самолете и в офисах, используют этот искусственный интеллект в качестве искусственного удобства, вроде плюшевого медвежонка. Я не против компьютеров на борту ВС. Вовсе нет. Но я против ИНБД! Не только потому, что это не нужно, но и потому, что это мешает нашему очень натренированному «моторному компьютеру», который не получает вводных данных для повышения летного мастерства. Это действительно очень опасно. Это может создать самодовольство /самоуспокоенность/!

Будущее

Я верю в то, что если мы хотим подойти поближе к «профессиональной работе по безопасности», мы должны анализировать все вышеперечисленные аспекты очень внимательно. Это особенно важно для консультанта по «человеческому фактору», который может понадобиться более крупным авиакомпаниям. (Хокинс, 1987 г.) Для всех тех, кто работает в авиаиндустрии, мы должны создать окружающую среду, где они могли бы использовать свой «моторный компьютер» и не испытывать при этом чувства вины. Летное мастерство – это качество, которое существует издавна и очень способствует безопасности. Летное мастерство никогда не было причиной каких-либо АП. Это и есть летное мастерство, когда мы учимся развивать, доверять и использовать наш человеческий КМУ («компьютер между ушей»). Мы должны учиться фильтровать использование электронных средств и уменьшить ИНБД (использование ненужной базы данных). Позвольте мне процитировать слова из речи профессора Садао Суджияма на Международном семинаре по безопасности полетов ФБП в Токио в 1987 г.:

«Я думаю, при отборе пилотов, также как и при их обучении, должен делаться акцент на то, что действие в полете требует большей умственной стимуляции и способности справляться с запутанными и неупорядоченными умственными состояниями по причине внезапных изменений окружающей среды».

Речь капитана Ашока Подюаля на том же семинаре:

«Пилоты должны быть обучены думать по системе и мысленно определять проблему, намечать решения, отбирать правильную альтернативу, осуществлять действие и оценивать результат».

В будущем, я верю, мы сможем также изменить критерии для психологического теста при отборе кандидатов в пилоты. До сегодняшнего дня психоаналитики продолжают тестировать их личности. Чтобы повысить безопасность полетов, я полагаю, нам также нужно будет тестировать их познавательные способности (*т.е. способность к обучению*). В системе «человек-машина» мы часто рассматриваем «человеческий фактор», как нечто негативное и нечто такое, что должно быть минимизировано. Я считаю такую точку зрения неправильной. Я рассматриваю «человеческий фактор», как позитивный источник «профессиональной работы по безопасности» и ключ к повышению безопасности полетов в будущем. Человек-пилот может работать очень хорошо, при условии, что он или она соответственно подготовлены, физиологически и психологически, для данной задачи. Взаимодействие «человек-машина» должно базироваться на убеждении и доверии к тому, что **человек управляет машиной**. Если мы пойдём в противоположном направлении и поставим познавательные навыки умного человека под контроль «умной» машины, будущее будет менее безопасным, так как система может создать самодовольство из-за познавательного диссонанса и снижение удовлетворения от работы.

Мы должны быть решительны и позволять себе использование «здравого смысла».

Глава 15
Лидерство и преданность делу

Лидерство и преданность делу – это две стороны одной медали, хороший лидер – это в первую очередь преданный делу член команды. Без преданных последователей не может быть и лидеров. Быть преданным последователем или соратником значительно труднее, чем быть хорошим лидером, потому что вы должны часто подгонять ваш собственный личный стиль действий к лидерскому стилю в соответствии с ситуацией. Хорошие последователи должны приспосабливаться и к ситуациям и к людям. Хороший член команды должен:

- владеть коммуникативными навыками;
- быть компетентным профессионалом;
- быть напористым и предсказуемым.

Соответствующее описание типов последователей идет из командной модели Келли.

Стиль «овцы»

Последователи стиля «овцы» - это люди ни активные, ни критически мыслящие, и они привносят очень мало в процесс принятия решения. Тихо выполняя то, что им полагается делать, но не более того, «овца» не способна, и не заинтересована в обеспечении большего количества вводных данных и поэтому они являются просто человекороботами. Они неудобны, если их спросить об их личном мнении, и они опасны в аварийной ситуации, так как они ничего сами не предлагают.

Последователи стиля «ДА»

Это, возможно, даже еще более опасный тип последователя влияющий на работу команды – это последователи стиля «ДА». Они очень активны, но они просто политические создания, поддерживающие любую позицию, выбранную лидером. Они обычно могут распознаваться по их непрерывному согласию с каждым заявлением, сделанным лидером.

Последователи стиля «ДА» опасны по двум причинам.

Во-первых, они нарушают командное принятие решения своей неспособностью мыслить самостоятельно. Во-вторых, и это более важно, они могут усиливать иллюзию непогрешимости лидера, который может быть слабым в принятии решений.

«Охладевшие» последователи

Противоположностью последователям стиля «ДА» являются «охладевшие» последователи. Они, обычно, являются яркими и критически мыслящими личностями. Они не заинтересованы в продолжение командной работы из-за возникновения вражды с другими членами команды или с организацией в целом. «Охладевшие» последователи могут даже скрытно желать поражения команде, потому что это сослужило бы им хорошую службу. Так как этот тип последователей может полностью разрушить эффективную работу всей команды и угрожать достижению цели, они должны быть выявлены и удалены из команды как можно быстрее, если их отношение и поведение не корректируются. С другой стороны, если проблемы после поражения команды могут быть определены и решены, «охладевшие» последователи могут стать выдающимися членами команды.

«Выживающие»

«Выживающие» - это обычно посредственные исполнители, которые подстраивают свой стиль и часто меняют своё мнение. Они не способствуют созданию эффективной команды. Они стараются быть незаметными. «Выживающие» не так опасны или разрушительны, как «охладевшие» члены команды, но они не так эффективны, как могли бы быть. С помощью обучения, некоторые члены команды из каждой из этих категорий могут стать эффективными последователями.

«Эффективный» последователь

«Эффективные» последователи – это суть безопасных и эффективных действий. Они активны, не являясь людьми стиля «ДА», и не бояться оспаривать преобладающий ход мысли. Есть три критических качества «эффективных» последователей:
Хорошие навыки слушать собеседника
Настойчивость
Коммуникационные навыки/Навыки общения.
Чтобы быть «эффективным» последователем, необходимо быть хорошим слушателем. Активный слушатель может фокусировать свое внимание на источнике информации и способен собрать

смысл того, что говориться, как говориться, жесты и даже то, что осталось невысказанным. Настойчивость – обязательное условие для хорошего последователя. Есть много препятствий для проявления настойчивости:

- боя- боязнь быть неправым;
знь старшинства и авторитета.
Ненастойчивый член команды может быть слабым звеном даже в сильной команде.

Ссылки/Список использованной литературы:

Broadbent D.E. (1971) Decision and Stress
Academic Press London New York
Carpenter B (1987) Some sorts of airman ship
Aviation Safety Digest The Human Factor. Canberra, Australia.
Cæsar H. (1985) Design Philosophies of New Technology
Aircraft and Consequences for the users. Flight Safety Foundation 38th Annual International Air Safety Seminar
Christofferson (1988) Utbildningsfilosofi à la fransk flygindustri. FLYGVAPENNYTT No 3, 1988 (Sweden)
Job M. (1987) Mac Job: Aviation Safety Digest: The Human Factor. Canberra, Australia.
Moxnes P. (1978) Angst og organisasjon. Gyldendal Norsk Forlag (Norway)
Sugiyama S. (1987) Cognitive Framework of Various Stressors Related to Flight Operations.
Flight Safety Foundation 40th International Air Safety Seminar

Не реализуйте все ваши мечты,
потому что тогда у вас ничего не останется.
Удачи в вашей жизни и в вашей работе.
Гуннар

Напечатанные и опубликованные работы автора:

Fahlgren G. A study of short term stress on pilots during tail wind approach and time stress.   Flight Safety Foundation, Proceedings, Tokyo 1987.

Fahlgren G. The Human Computer – A Main Key to Future Safety. Flight Safety Foundation, Proceedings, Sydney 1988.

Föreläsningar i urval från SSI-konferenser, SSI Tvärsnitt, 1989.

Fahlgren G. & Hagdahl R. *Complacency*, Flight Safety Foundation, Proceedings, Rome 1990.

Fahlgren G. *Human Factors Worth Considering When Starting CRM Training.* Flight Safety Digest, Vol. 9 No. 7 July 1990. Flight Safety Foundation. And Commercial Aviation Safety, Winter 1991, The Flight Safety Committee.

Fahlgren G. *Stress and Aircraft Accidents.* Commercial Aviation Safety, Summer 1991. The Flight Safety Committee.

Fahlgren G. Some Aspects on Our Human Factors Concept. ICAO, Human Factors Digest Circular No. 9, Washington D.C. 1993.

Fahlgren G. & Dahlberg A. Managing Stress in a Changing World.IATA Proceedings,Montreal,1994.

Fahlgren G. Complacere: An Unconscious Reaction to Bad Communication. European Association for Aviation Psychology. Proceedings, Dublin, 1994. Published by Avebury Aviation, England, 1995.

Fahlgren G. CFIT – Controlled Flight Into Terrain. IATA Proceedings, Bahrain, 1995.

Fahlgren G. Our Human Factors.SAS Flight Academy.Human Factors Digest No 1,1997 Fahlgren G.

Decision Making. SAS Flight Academy. Human Factors Digest No 2 , 1997 Fahlgren G. *Wind Related CFIT Accidents.* SAS Flight Academy. Human Factors Digest No 3, 1997 Fahlgren G.

Complacency. SAS Flight Academy. Human Factors Digest No 4 , 1997 Fahlgren G.

Stress and Attitudes. SAS Flight Academy. Human Factors Digest No 5 , 1997 Fahlgren G. *Du och din Mänskliga Faktor.* ISBN 91-7055-275-4 A book in Swedish on Human Factors, published by Sellin & Partner, Stockholm, 1995.

Fahlgren G. *STRESS.* Kärnkraftsäkerhet och Utbildning AB, Nyköping, 1995. A booklet on stress published by the Nuclear Power Safety and Training Organization, Sweden.

Gunnar Fahlgren gunnar@fahlgren.se

Prästgatan 12, 193 30 Sigtuna, Sweden. Tel +46 8 5925 1565. Mobile +46 70 525 1565

gunnarfahlgren.blogg.se

Дополнительные ссылки

My own experiences plus....

Anderson J. R. Cognitive Psychology, Freeman, 1985.

Argyris C. Strategy, Change and Defensive Routines, Pitman, 1985.

Atkinson Atkinson Smith & Hilgard, Introduction to Psychology, HBJ Publishers, 1987.

Baron R.A. & Byrne D. Social Psychology, Allyn and Bacon, 1983.

Campbell R.D.&Bagshaw M. Human Performance and Limitations, Oxford BSP Professional Books,1991.

Dahlberg A. Air Rage, Ashgate Publishing Ltd. England Fahlgren G. The Human Computer –A Main Key to Future Safety, Flight Safety Foundation, Proceedings, Sydney 1988. Fahlgren G.&Hagdahl R.

Complacency, Flight Safety Foundation, Proceedings, Rome 1990.

Festinger L. A Theory of Cognitive Dissonance. Stanford: Stanford University Press. 1957.

Goleman Daniel, Emotional Intelligence. Brockman Inc, 1995.

Gras A.& Moricot C. Faced with Automation. Publications de la Sorbonne. 1994.

Green Roger G.. Human Factors for Pilots. Gower Technical Press, 1991.

Gruneberg M. & Wall T. Social Psychology and Organizational Behaviour, Wiley & Sons, 1984.

Harris Thomas A. I'm OK You're OK. Avon Books, 1973. Hjelle L. A. & Ziegler D. J. Personality Theories, Int. Student Edition,1985.

Hawkins F. Human Factors in Flight, Gower Technical Press, 1987.

Lager C. Pilot reliability, The Royal Institute of Technology Stockholm, 1974.

Linsay & Norman . Human Information Processing. Second ed. Academic Press. 1977.

Svenson O. Active Response to Environmental Hazards: Perception and Decision Making. University of Stockholm, Sweden. 1982. Sugiyama S. Cognitive Framework of Various Stressors Related to Flight Operations. Flight Safety Foundation 40th International Air Safety Seminar. 1987.

Commercial Aviation Safety, Summer 1991. The Flight Safety Committee.